AF619241

# कबीर के दोहे

100+

ब्रतेश कुमार सिंह

Made with ♥ on the Notion Press Platform
www.notionpress.com

इस पुस्तक को आप तक पहुंचाने के लिए में कुछ लोगों धन्यवाद करना चाहता हु वो है ब्रजेश कुमार शर्मा सर , चौहान अमित सिंह सर , @नो. प्रे. , युवराज सिंह , महेश कुमार , सुरेश कुमार सिंह , रामजी लाल , सर्वेश कुमारी , रजनेश सिंह एवं पूजा सिंह

# क्रम-सूची

# प्रस्तावना

इस पुस्तक के निर्माण कार्य में हमने अर्थ को स्पष्ठ करने एवं सटीक जानकारी देने में पूर्ण प्रयास किया है . अगर हमसे किसी विषय में भूल - चूक हो जाये तो हमे माफ़ी प्रदान करने की कृपा करे .

हमारे लिये आपकी प्रतिक्रिया बहुत महत्वपूर्ण है तो आप हमे अपनी प्रतिक्रिया brateshkumarsingh@gmail.com पर दे सकते हैं .

- धन्यवाद

- लेखक

# भूमिका

कबीर दास

# 1. कबीर के दोहे

**1.दुख में सुमिरन सब करे, सुख में करे न कोय ।**
**जो सुख में सुमिरन करे, दुख कहे को होय ।।**

कबीर दास जी कहते हैं की दु :ख में तो परमात्मा को सभी याद करते हैं लेकिन सुख में कोई याद नहीं करता। जो इसे सुख में याद करे तो फिर दुख हीं क्यों हो ।

**2.तिनका कबहूँ ना निंदिये, जो पाँव तले होय ।**
**कबहूँ उड़ आँखों मे पड़े, पीर घनेरी होय ।।**

तिनका को भी छोटा नहीं समझना चाहिए चाहे वो आपके पाँव तले हीं क्यूँ न हो क्यूंकि यदि वह उड़कर आपकी आँखों में चला जाए तो बहुत तकलीफ देता है ।

**3.माला फेरत जुग भया, फिरा न मन का फेर ।**
**कर का मन का डार दें, मन का मनका फेर ।।**

कबीरदास जी कहते हैं कि माला फेरते-फेरते युग बीत गया तब भी मन का कपट दूर नहीं हुआ है । हे मनुष्य ! हाथ का मनका छोड़ दे और अपने मन रूपी मनके को फेर, अर्थात मन का सुधार कर ।

**4.गुरु गोविंद दोनों खड़े, काके लागूं पाँय ।**
**बलिहारी गुरु आपनो, गोविन्द दियो बताय ।।**

गुरु और भगवान दोनों मेरे सामने खड़े हैं मैं किसके पाँव पड़ूँ ? क्यूंकि दोनों दोनों हीं मेरे लिए समान हैं । कबीर जी कहते हैं कि यह तो गुरु कि हीं बलिहारी है जिन्होने हमे परमात्मा की ओर इशारा कर के मुझे गोविंद (ईश्वर) के कृपा का पात्र बनाया ।

**5.कबीर माला मनहि कि, और संसारी भीख ।**
**माला फेरे हरि मिले, गले रहट के देख ॥**

कबीरदास ने कहा है कि माला तो मन कि होती है बाकी तो सब लोक दिखावा है । अगर माला फेरने से ईश्वर मिलता हो तो रहट के गले को देख, कितनी बार माला फिरती है । मन की माला फेरने से हीं परमात्मा को प्राप्त किया जा सकता है ।

**6.सुख में सुमिरन न किया, दु:ख में किया याद ।**
**कह कबीरा ता दास की, कौन सुने फ़रियाद ॥**

सुख में तो कभी याद किया नहीं और जब दुख आया तब याद करने लगे, कबीर दास जी कहते हैं की उस दास की प्रार्थना कौन सुनेगा ।

**7.साई इतना दीजिये, जा में कुटुम समाय ।**
**मै भी भूखा न रहूँ, साधू न भूखा जाय ॥**

कबीर दास जी ने ईश्वर से यह प्रार्थना करते हैं की हे परमेश्वर तुम मुझे इतना दो की जिसमे परिवार का गुजारा हो जाय । मुझे भी भूखा न रहना पड़े और कोई अतिथि अथवा साधू भी मेरे द्वार से भूखा न लौटे ।

**8.लूट सके तो लूट ले, राम नाम की लूट ।**
**पाछे फिर पछताओगे, प्राण जाहिं जब छूट ॥**

कबीरदास जी ने कहा है की हे प्राणी, चारो तरफ ईश्वर के नाम की लूट मची है, अगर लेना चाहते हो तो ले लो, जब समय निकल जाएगा तब तू पछताएगा । अर्थात जब तेरे प्राण निकल जाएंगे तो भगवान का नाम कैसे जप पाएगा ।

**9.जाति न पुछो साधू की, पूछ लीजिये ज्ञान ।**
**मोल करो तलवार का, पड़ा रहन दो म्यान ॥**

किसी साधू से उसकी जाति न पुछो बल्कि उससे ज्ञान की बात पुछो । इसी तरह तलवार की कीमत पुछो म्यान को पड़ा रहने दो, क्योंकि महत्व तलवार का होता है न की म्यान का ।

**10.जहाँ दया तहाँ धर्म है, जहाँ लोभ तहाँ पाप ।**
**जहाँ क्रोध तहाँ काल है, जहाँ क्षमा तहाँ आप ॥**

जहाँ दया है वहीं धर्म है और जहाँ लोभ है वहाँ पाप है, और जहाँ क्रोध है वहाँ काल (नाश) है । और जहाँ क्षमा है वहाँ स्वयं भगवान होते हैं ।

**11.धीरे-धीरे रे मना, धीरे सब कुछ होय ।**
**माली सींचे सौ घड़ा, ऋतु आए फल होय ॥**

हे मन ! धीरे-धीरे सब कुछ हो जाएगा माली सैंकड़ों घड़े पानी पेड़ में देता है परंतु फल तो ऋतु के आने पर हीं लगता है । अर्थात धैर्य रखने से और सही समय आने पर हीं काम पूरे होते हैं ।

**12.कबीरा ते नर अन्ध हैं, गुरु को कहते और ।**
**हरि रूठे गुरु ठौर है, गुरु रूठे नहीं ठौर ॥**

कबीरदास जी कहते हैं की वे नर अंधे हैं जो गुरु को भगवान से छोटा मानते हैं क्यूंकि ईश्वर के रुष्ट होने पर एक गुरु का सहारा तो है लेकिन गुरु के नाराज होने के बाद कोई ठिकाना नहीं है ।

**13.पाँच पहर धन्धे गया, तीन पहर गया सोय ।**
**एक पहर हरि नाम बिनु, मुक्ति कैसे होय ॥**

प्रतिदिन के आठ पहर में से पाँच पहर तो काम धन्धे में खो दिये और तीन पहर सो गया । इस प्रकार तूने एक भी पहर हरि भजन के लिए नहीं रखा, फिर मोक्ष कैसे पा सकेगा ।

**14.कबीरा रोया क्या करे, उठी न भजे भगवान ।**

**जम जब घर ले जायेंगे, पड़ी रहेगी म्यान ॥**

कबीरदास जी कहते हैं की हे प्राणी ! तू सोता रहता है (अपनी चेतना को जगाओ) उठकर भगवान को भज क्यूंकि जिस समय यमदूत तुझे अपने साथ ले जाएंगे तो तेरा यह शरीर खाली म्यान की तरह पड़ा रह जाएगा ।

**15.शीलवन्त सबसे बड़ा, सब रतनन की खान ।**
**तीन लोक की सम्पदा, रही शील मे आन ॥**

जो शील (शान्त एवं सदाचारी) स्वभाव का होता है मानो वो सब रत्नों की खान है क्योंकि तीनों लोकों की माया शीलवन्त (सदाचारी) व्यक्ति में हीं निवास करती है ।

**16.माया मरी न मन मरा, मर-मर गया शरीर ।**
**आशा तृष्णा न मरी, कह गए दास कबीर ॥**

कबीरदास जी कहते हैं कि मनुष्य का मन तथा उसमे घुसी हुई माया का नाश नहीं होता और उसकी आशा तथा इच्छाओं का भी अन्त नहीं होता केवल दिखने वाला शरीर हीं मरता है । यही कारण है कि मनुष्य दु:ख रूपी समुद्र मे सदा गोते खाता रहता है ।

**17.माटी कहे कुम्हार से, तू क्या रौंदे मोय ।**
**इक दिन ऐसा आएगा, मै रौंदूंगी तोय ॥**

मिट्टी कुम्हार से कहती है कि तू मुझे क्या रौंदता है । एक दिन ऐसा आएगा कि मै तुझे रौंदूंगी । अर्थात मृत्यु के पश्चात मनुष्य का शरीर इसी मिट्टी मे मिल जाएगा ।

**18.रात गंवाई सोय के, दिन गंवाई खाय ।**
**हीरा जनम अनमोल था, कौड़ी बदले जाय ॥**

रात तो सोकर गंवा दी और दिन खाने-पीने में गंवा दिया । यह हीरे जैसा अनमोल मनुष्य रूपी जन्म को कौड़ियो मे बदल दिया ।

**19.नींद निशानी मौत की, उठ कबीरा जाग ।**
**और रसायन छांड़ि के, नाम रसायन लाग ॥**

कबीरदास जी कहते हैं की हे प्राणी ! उठ जाग, नींद मौत की निशानी है । दूसरे रसायनों को छोड़कर तू भगवान के नाम रूपी रसायनों मे मन लगा ।

**20.जो टोकू कांटा बुवे, ताहि बोय तू फूल ।**
**तोकू फूल के फूल है, बाकू है त्रिशूल ॥**

जो तेरे लिए कांटा बोय तू उसके लिए फूल बो । तुझे फूल के फूल मिलेंगे और जो तेरे लिए कांटा बोएगा उसे त्रिशूल के समान तेज चुभने वाले कांटे मिलेंगे । इस दोहे में कबीरदास जी ने या शिक्षा दी है की हे मनुष्य तू सबके लिए भला कर जो तेरे लिए बुरा करेंगें वो स्वयं अपने दुष्कर्मों का फल पाएंगे ।

**21.दुर्लभ मानुष जनम है, देह न बारम्बार ।**
**तरुवर ज्यों पत्ती झड़े, बहुरि न लागे डार ॥**

यह मनुष्य जन्म बड़ी मुश्किल से मिलता है और यह देह बार-बार नहीं मिलती । जिस तरह पेड़ से पत्ता झड़ जाने के बाद फिर वापस कभी डाल मे नहीं लग सकती । अतः इस दुर्लभ मनुष्य जन्म को पहचानिए और अच्छे कर्मों मे लग जाइए ।

**22.आए हैं सो जाएंगे, राजा रंक फकीर ।**
**एक सिंहासन चढ़ि चले, एक बंधे जंजीर ॥**

जो आया है वो इस दुनिया से जरूर जाएगा वह चाहे राजा हो, कंगाल हो या फकीर हो सबको इस दुनिया से जाना है लेकिन कोई सिंहासन पर बैठकर जाएगा और कोई जंजीर से बंधकर । अर्थात जो भले काम करेंगें वो तो सम्मान के साथ विदा होंगे और जो बुरा काम करेंगें वो बुराई रूपी

जंजीर मे बंधकर जाएंगे ।

**23.काल करे सो आज कर, आज करे सो अब ।**
**पल में प्रलय होएगी, बहुरि करेगा कब ॥**

जो कल करना है उसे आज कर और जो आज करना है उसे अभी कर । समय और परिस्थितियाँ एक पल मे बदल सकती हैं, एक पल बाद प्रलय हो सकती हैं अतः किसी कार्य को कल पर मत टालिए ।

**24.माँगन मरण समान है, मति माँगो कोई भीख ।**
**माँगन ते मरना भला, यही सतगुरु की सीख ॥**

माँगना मरने के बराबर है इसलिए किसी से भीख मत माँगो । सतगुरु की यही शिक्षा है की माँगने से मर जाना बेहतर है अतः प्रयास यह करना चाहिये की हमे जो भी वस्तु की आवश्यकता हो उसे अपने मेहनत से प्राप्त करें न की किसी से माँगकर ।

**25.जहाँ आपा तहाँ आपदा, जहाँ संशय तहाँ रोग ।**
**कह कबीर यह क्यों मिटे, चारों धीरज रोग ॥**

जहाँ मनुष्य में घमंड हो जाता है उस पर आपत्तियाँ आने लगती हैं और जहाँ संदेह होता है वहाँ वहाँ निराशा और चिंता होने लगती है । कबीरदास जी कहते हैं की यह चारों रोग धीरज से हीं मिट सकते हैं ।

**26.माया छाया एक सी, बिरला जाने कोय ।**
**भागता के पीछे लगे, सम्मुख भागे सोय ॥**

माया और छाया एक जैसी है इसे कोई-कोई ही जानता है यह भागने वालों के पीछे ही भागती है, और जो सम्मुख खड़ा होकर इसका सामना करता है तो वह स्वयं हीं भाग जाती है ।

**27.आया था किस काम को, तू सोया चादर तान ।**

**सूरत सम्हाल ऐ गाफिल, अपना आप पहचान ॥**

कबीरदास जी कहते हैं की ऐ गाफिल ! तू चादर तान कर सो रहा है, अपने होश ठीक कर और अपने आप को पहचान, तू किस काम के लिए आया था और तू कौन है ? स्वयं को पहचान और अच्छे कर्म कर ।

**28.क्या भरोसा देह का, बिनस जात छिन मांह ।**
**साँस-साँस सुमिरन करो और यतन कुछ नांह ॥**

इस शरीर का क्या विश्वास है यह तो पल-पल मिटता हीं जा रहा है इसीलिए अपने हर साँस पर हरी का सुमिरन करो और दूसरा कोई उपाय नहीं है ।

**29.गारी हीं सों उपजे, कलह, कष्ट और मींच ।**
**हारि चले सो साधु है, लागि चले सो नीच ॥**

गाली (दुर्वचन) से हीं कलह, दु:ख तथा मृत्यु पैदा होती है जो गाली सुनकर हार मानकर चला जाए वही साधु जानो यानी सज्जन पुरुष । और जो गाली देने के बदले में गाली देने लग जाता है वह नीच प्रवृति का है ।

**30.दुर्बल को न सताइए, जाकि मोटी हाय ।**
**बिना जीव की साँस सों, लोह भस्म हो जाय ॥**

कमजोर को कभी नहीं सताना चाहिए जिसकी हाय बहुत बड़ी होती है जैसा आपने देखा होगा बिना जीव (प्राणहीन) की धौंकनी (आग को हवा देने वाला पंखा) की साँस से लोहा भी भस्म हो जाता है ।

**31.दान दिए धन ना घटे, नदी न घटे नीर ।**
**अपनी आँखों देख लो, यों क्या कहे कबीर ॥**

कबीर जी कहते हैं कि तुम ध्यान से देखो कि नदी का पानी पीने से कम नहीं होता और दान देने से धन नहीं घटता ।

**32.अवगुण कहूँ शराब का, आपा अहमक़ साथ ।**

**मानुष से पशुआ करे, दाय गाँठ से खात ॥**

मैं तुमसे शराब की बुराई करता हूँ कि शराब पीकर आदमी आप (स्वयं) पागल होता है, मूर्ख और जानवर बनता है और जेब से रकम भी लगती है सो अलग ।

**33.बाजीगर का बांदरा, ऐसा जीव मन के साथ ।**
**नाना नाच दिखाय कर, राखे अपने साथ ॥**

जिस तरह बाजीगर अपने बन्दर से तरह-तरह के नाच दिखाकर अपने साथ रखता है उसी तरह मन भी जीव के साथ है वह भी जीव को अपने इशारे पर चलाता है ।

**34.अटकी भाल शरीर में, तीर रहा है टूट ।**
**चुम्बक बिना निकले नहीं, कोटि पट्ठ्न को फूट ।।**

जैसे की शरीर में तीर कि भाला अटक जाती है और वह बिना चुम्बक के नहीं निकाल सकती इसी प्रकार तुम्हारे मन में जो खोट (बुराई) है वह किसी महात्मा के बिना नहीं निकल सकती, इसीलिए तुम्हें सच्चे गुरु कि आवश्यकता है ।

**35.कबीरा जपना काठ कि, क्या दिखलावे मोय ।**
**हृदय नाम न जपेगा, यह जपनी क्या होय ॥**

कबीर जी कहते हैं की इस लकड़ी की माला से ईश्वर का जाप करने से क्या होता है ? यह क्या असर दिखा सकता है ? यह मात्र दिखावा है और कुछ नहीं । जब तक तुम्हारा मन (हृदय) ईश्वर का जाप नहीं करेगा तब तक जाप करने का कोई फायदा नहीं ।

**36.पतिव्रता मैली, काली कुचल कुरूप ।**
**पतिव्रता के रूप पर, वारो कोटि सरूप ॥**

कबीरदास जी कहते हैं कि पतिव्रता स्त्री चाहे मैली-कुचैली और कुरूपा हो लेकिन पतिव्रता स्त्री की इस एकमात्र

विशेषता पर समस्त सुंदरताएँ न्योछावर हैं ।

**37.वैद्य मुआ रोगी मुआ, मुआ सकल संसार ।**
**एक कबीरा ना मुआ, जेहि के राम अधार ॥**

कबीरदास जी कहते हैं कि बीमार मर गया और जिस वैद्य का उसे सहारा था वह भी मर गया । यहाँ तक कि कुल संसार भी मर गया लेकिन वह नहीं मरा जिसे सिर्फ राम का आसरा था । अर्थात राम नाम जपने वाला हीं अमर है ।

**38.हद चले सो मानव, बेहद चले सो साध ।**
**हद बेहद दोनों ताजे, ताको भाता अगाध ॥**

जो मनुष्य सीमा तक काम करता है वह मनुष्य है । जो सीमा से अधिक कार्य की परिस्थिति में ज्ञान बढ़ावे वह साधु है । और जो सीमा से अधिक कार्य करता है । विभिन्न विषयों में जिज्ञासा कर के साधना करता रहता है उसका ज्ञान अत्यधिक होता है ।

**39.राम रहे वन भीतरे, गुरु की पूजी न आस ।**
**कहे कबीर पाखंड सब, झूठे सदा निराश ॥**

बिना गुरु की सेवा किए और बिना गुरु की शिक्षा के जिन झूठे लोगों ने यह जान लिया है कि राम वन में रहते हैं अतः परमात्मा को वन में प्राप्त किया जा सकता है । कबीर दास जी कहते हैं कि यह सब पाखंड है । झूठे लोग कभी भी परमात्मा को ढूँढ नहीं सकते हैं । वे सदा निराश हीं होंगे ।

**40.जाके जिव्या बन्धन नहीं, हृदय में नहीं साँच ।**
**वाके संग न लागिये, खाले वटिया काँच ॥**

जिसको अपनी जीभ पर नियंत्रण नहीं है और मन में राच्चाई भी नहीं है ऐसे व्यक्ति के साथ नहीं रहना चाहिए

। ऐसे मनुष्य के साथ रहकर कुछ भी प्राप्त नहीं किया जा सकता है ।

**41.तीरथ गए थे एक फल, संत मिले फल चार ।**
**सतगुरु मिले अनेक फल, कहें कबीर विचार ॥**

कबीर कहते हैं तीर्थ करने से एक फल मिलता है और संत महात्मा से चार फल, यदि सतगुरु मिल जाएँ तो सारे पदार्थ मिल जाते हैं । और किसी वस्तु कि चिंता नहीं रहती ।

**42.सुमरण से मन लाइए, जैसे पानी बिन मीन ।**
**प्राण तजे बिन बिछड़े, संत कबीर कह दिन ॥**

कबीरदास जी कहते हैं कि जैसे मछली जल से एक दिन के लिए भी बिछ्ड़ जाती है तो उसे चैन नहीं पड़ता । ऐसे हीं सबको हर समय ईश्वर के स्मरण में लगना चाहिए ।

**43.समझाये समझे नहीं, पर के साथ बिकाय ।**
**मैं खींचत हूँ आपके, तू चला जमपुर जाए ॥**

कबीरदास जी कहते हैं कि मैं तुम्हें अपनी ओर खींचता हूँ पर तू दूसरे के हाथ बिका जा रहा है और यमलोक कि ओर चला जा रहा है । मेरे इतने समझाने पर भी तू नहीं समझता ।

**44.हंसा मोती विणन्या, कुंचन थार भराय ।**
**जो जन मार्ग न जाने, सो तिस कहा कराय ॥**

सोने के थाल में मोती भरे हुए बिक रहे हैं । लेकिन जो उनकी कद्र नहीं जानते वह क्या करें, उन्हे तो हंस रूपी जौहरी हीं पहचान कर ले सकता है ।

**45.कहना था सो कह चले, अब कुछ कहा न जाय ।**
**एक रहा दूजा गया, दरिया लहर समाय ॥**

मुझे जो कहना था वो मैंने कह दिया और अब जा रहा हूँ, मुझसे अब कुछ और कहा नहीं जाता । एक ईश्वर के

अलावा सब नश्वर है और हम सब इस संसार को छोड़ कर चले जायेंगे । लहरें कितनी भी ऊंची उठ जाएँ वो वापस नदी में हीं आकार उसमें समा जाएँगी ठीक उसी प्रकार हम सब को परमात्मा के पास वापस लौट जाना है ।

**46.वस्तु है सागर नहीं, वस्तु सागर अनमोल ।**
**बिना करम का मानव, फिरैं डांवाडोल ॥**

ज्ञान रूपी अमूल्य वस्तु तो आसानी से उपलब्ध है परन्तु उसको लेने वाला कोई नहीं है क्योंकि ज्ञान रूपी रत्न बिना सत्कर्म और सेवा के नहीं मिलता । लोग बिना कर्म किए ज्ञान पाना चाहते हैं अतः वे इस अनमोल वस्तु से वंचित रह जाते हैं ।-

**47.कली खोटा जग आंधरा शब्द न माने कोय ।**
**चाहे कहूँ सत आईना, जो जग बैरी होय ॥**

यह कलयुग खोटा है और सारा जग अंधा है मेरी बातों को कोई नहीं मानता बल्कि जिसको भली बात बताता हूँ वही मेरा दुश्मन हो जाता है ।

**48.कामी, क्रोधी, लालची इनसे भक्ति न होय ।**
**भक्ति करे कोई सूरमा, जाति, वरन, कुल खोय ॥**

कबीरदास जी कहते हैं कि कामी, क्रोधी, लोभी इन तीनों से भक्ति नहीं हो सकती । भक्ति तो कोई शूरवीर ही कर सकता है जिसने जाति, वर्ण और कुल का मोह त्याग दिया हो ।

**49.जागन मे सोवन करे, साधन मे लौ लाय ।**
**सूरत डोर लागी रहै, तार टूट नाहिं जाय ॥**

जगते हुए मे भी सोये हुए के समान हरि को याद करते रहना चाहिए । कहीं ऐसा न हो कि हरि नाम का तार टूट जाय । अर्थात प्राणी को जागते-सोते हर समय ईश्वर का

स्मरण करते रहना चाहिए ।

**50.साधू ऐसा चाहिए, जैसा सूप सुभाय ।**
**सार-सार को गहि रहे, थोथ देइ उड़ाय ॥**

कबीरदास जी कहते हैं - साधू को सूप के समान होना चाहिए, जिस प्रकार सूप अनाज के दानों को अपने पास रख लेता है और छिलकों को हवा में उड़ा देता है । उसी प्रकार साधू (ईश्वर कि भक्ति करने वाला) को सिर्फ ईश्वर का ध्यान करना चाहिए व्यर्थ के माया मोह का त्याग कर देना चाहिए ।

**51.लगी लग्न छूटे नाहिं, जीभी चोंच जरि जाय ।**
**मीठा कहा अंगार में, जाहि चकोर चबाय ॥**

जिस वस्तु कि किसी को लगन लग जाती है उसे वह नहीं छोड़ता । चाहे कितनी हीं हानि क्यूँ न हो जाय, जैसे अंगारे में क्या मिठास होती है जिसे चकोर (पक्षी) चबाता है ? अर्थ यह है कि चकोर कि जीभ और चोंच भी जल जाय तो भी वह अंगारे को चबाना नहीं छोड़ता वैसे हीं भक्त को जब ईश्वर कि लगन लग जाती है तो चाहे कुछ भी हो वह ईश्वर भक्ति नहीं छोड़ता ।

**52.भक्ति गेंद चौगान कि, भावे कोई ले जाय ।**
**कह कबीर कछु भेद नहिं, कहाँ रंक कहाँ राय ॥**

कबीरदास जी कहते हैं कि ईश्वर भक्ति तो गेंद के समान है । चाहे जो ले जाय इसमे क्या राजा और क्या कंगाल किसी में कुछ भेद नहीं समझा जाता । चाहे जो ले जाय ।

**53.घट का परदा खोलकर, सन्मुख दे दीदार ।**
**बाल स्नेही साइयाँ, आवा अन्त का यार ॥**

कबीरदास जी कहते हैं की जो तुम्हारे बचपन का मित्र और आरंभ से अन्त तक का मित्र है, जो हमेशा तुम्हारे अन्दर

रहता है । तू जरा अपने अन्दर के परदे को हटा कर देख । तुम्हारे सामने हीं भगवान आ जाएंगे ।

**54.अंतर्यामी एक तुम, आत्मा के आधार ।**
**जो तुम छोड़ो हांथ तो, कौन उतारे पार ॥**

हे प्रभु आप हृदय की बात जानने वाले और आप हीं आत्मा के मूल हो, जो तुम्हीं हांथ छोड़ दोगे तो हमें और कौन पार लगाएगा ।

**55.मैं अपराधी जन्म का, नख-शिख भरा विकार ।**
**तुम दाता दुख भंजना, मेरी करो सम्हार ॥**

मै जन्म से हीं अपराधी हूँ, मेरे नाखून से लेकर चोटी तक विकार भरा हुआ है, तुम ज्ञानी हो दु:खों को दूर करने वाले हो, हे प्रभु तुम मुझे सम्हाल कर कष्टों से मुक्ति दिलाओ ।

**56.प्रेम न बाड़ी उपजै, प्रेम न हाट बिकाय ।**
**राजा प्रजा जेहि रुचें, शीश देई ले जाय ॥**

प्रेम न तो बागों में उगता है और न बाज़ारों में बिकता है, राजा या प्रजा जिसे वह अच्छा लगे वह अपने आप को न्योछावर कर के प्राप्त कर लेता है ।

**57.प्रेम प्याला जो पिये, शीश दक्षिणा देय ।**
**लोभी शीश न दे सके, नाम प्रेम का लेय ॥**

जो प्रेम का प्याला पीता है वह अपने प्रेम के लिए बड़ी से बड़ी आहूति देने से भी नहीं हिचकता, वह अपने सर को भी न्योछावर कर देता है । लोभी अपना सिर तो दे नहीं सकता, अपने प्रेम के लिए कोई त्याग भी नहीं कर सकता और नाम प्रेम का लेता है ।

**58.सुमिरन सों मन लाइए, जैसे नाद कुरंग ।**
**कहैं कबीर बिसरे नहीं, प्राण तजे तेहि संग ॥**

कबीर साहब कहते हैं की भक्त ईश्वर की साधना में इस प्रकार मन लगाता है, उसे एक क्षण के लिए भी भुलाता नहीं, यहाँ तक की प्राण भी उसी के ध्यान में दे देता है । अर्थात वह प्रभु भक्ति में इतना तल्लीन हो जाता है की उसे शिकारी (प्राण हरने वाला) के आने का भी पता नहीं चलता ।

**59.सुमिरत सूरत जगाय कर, मुख से कछु न बोल ।**
**बाहर का पट बंद कर, अन्दर का पट खोल ॥**

एकचित्त होकर परमात्मा का सुमिरन कर और मुँह से कुछ न बोल, तू बाहरी दिखावे को बंद कर के अपने सच्चे दिल से ईश्वर का ध्यान कर ।

**60.छीर रूप सतनाम है, नीर रूप व्यवहार ।**
**हंस रूप कोई साधु है, सत का छाननहार ।**

परमात्मा का सच्चा नाम दूध के समान है और पानी के जैसा इस संसार का व्यवहार है । पानी मे से दूध को अलग करने वाला हंस जैसा साधू (सच्चा भक्त) होता है जो दूध को पानी मे से छानकर पी जाता है और पानी छोड़ देता है ।

**61.ज्यों तिल मांही तेल है, ज्यों चकमक में आग ।**
**तेरा सांई तुझमें, बस जाग सके तो जाग ॥**

जिस तरह तिलों में तेल और चकमक पत्थर में आग छुपी रहती है वैसे हीं तेरा सांई (मालिक) परमात्मा तुझमें है अगर तू जाग सकता है तो जाग और अपने अंदर ईश्वर को देख और अपने आप को पहचान ।

**62.जा कारण जग ढूँढ़िया, सो तो घट ही मांहि ।**
**परदा दिया भरम का, ताते सूझे नाहिं ।।**

जिस भगवान को तू सारे संसार में ढूँढता फिरता है । वह मन में ही है । तेरे अंदर भ्रम का परदा दिया हुआ है इसलिए तुझे भगवान दिखाई नहीं देते ।

**63.जबही नाम हिरदे धरा, भया पाप का नाश ।**
**मानो चिंगारी आग की, परी पुरानी घास ।।**

कबीरदास जी कहते हैं कि भगवान का नाम लेते ही पाप का नाश हो जाता है जिस तरह अग्नि की चिंगारी पुरानी घास पर पड़ते ही घास जल जाती है इसी तरह ईश्वर का नाम लेते ही सारे पाप दूर हो जाते हैं ।

**64.नहीं शीतल है चंद्रमा, हिंम नहीं शीतल होय ।**
**कबीरा शीतल सन्त जन, नाम सनेही सोय ।।**

कबीर जी कहते है कि न तो शीतलता चंद्रमा में है न ही शीतलता बर्फ में है वही सज्जन शीतल हैं जो परमात्मा के प्यारे हैं अर्थात वास्तविकता मन की शांति ईश्वर-नाम में है ।

**65.आहार करे मन भावता, इंदी किए स्वाद ।**
**नाक तलक पूरन भरे, तो का कहिए प्रसाद ।।**

जो मनुष्य इंद्रियों के स्वाद के लिए पूर्ण नाक तक भरकर खाये तो प्रसाद कहाँ रहा ? तात्पर्य यह है कि भोजन या आहार शरीर की रक्षा के लिए सोच समझकर करें तभी वह उत्तम होगा । अर्थात सांसारिक भोग उपभोग ईश्वर का प्रसाद समझकर ग्रहण करें ।

**66.जब लग नाता जगत का, तब लग भागिति न होय ।**
**नाता जोड़े हरि भजे, भगत कहावें सोय ।।**

कबीरदास जी कहते हैं कि जब तक संसार का संबंध है यानी मन सांसारिक वस्तुओं में आसक्त है तब तक भक्ति नहीं हो सकती जो संसार का संबंध तोड़ दे और भगवान का

भजन करे, वही भक्त होते हैं ।

**67.जल ज्यों प्यारा माहरी, लोभी प्यारा दाम ।**
**माता प्यारा बारका, भगति प्यारा नाम ।।**

जैसे मछ्ली को पानी प्यारा लगता है, लोभी को धन प्यारा लगता है, माता को पुत्र प्यारा लगता है वैसे ही भक्त को भगवान प्यारे लगते है ।

**68.दिल का मरहम ना मिला, जो मिला सो गर्जी ।**
**कह कबीर आसमान फटा, क्योंकर सीवे दर्जी ।।**

लोगों का स्वार्थ देखकर मनरूपी आकाश फट गया । उसे दर्जी क्योंकर सी सकता है! वह तो तब ही ठीक हो सकता है जब कोई ह्रदय का मर्म जानने वाला मिले ।

**69.बानी से पहचानिए, साम चोर की धात ।**
**अंदर की करनी से सब, निकले मुँह की बात ।।**

सज्जन और दुष्ट को उसकी बातों से पहचाना जाता है क्योंकि उसके अंदर का सारा वर्णन उसके मुँह द्‌वारा पता चलता है । व्यक्ति जैसे कर्म करता है उसी के अनुसार उसका व्यवहार बनता है।

**70. ब लगि भगति सकाम है, तब लग निष्फल सेव ।**
**कह कबीर वह क्यों मिले, निष्कामी तज देव ।।**

जब तक भक्ति इच्छा सहित है तब तक परमात्मा की सेवा व्यर्थ है । अर्थात भक्ति बिना कामनाओं के करनी चाहिए । कबीरदास जी कहते हैं कि जब तक इच्छाओं से रहित भक्ति न हो तब तक परमात्मा कैसे मिल सकता है ? अर्थात नहीं मिल सकता ।

**71.फूटी आँख विवेक की, लखे ना सन्त-असन्त ।**
**जाके संग दस-बीस हैं, ताको नाम महन्त ।।**

जिसकी ज्ञान रूपी आँखें फूटी हुई हैं वह सन्त-असन्त को कैसे पहचाने ? उनकी यह स्थिति है कि जिसके साथ दस-बीस चेले देखें उसी को महन्त समझ लिया ।

**72.दया भाव हृदय नहीं, ज्ञान थके बेहद ।**
**ते नर नरक ही जाएंगे, सुनी-सुनी साखी शब्द ।।**

जिसके हृदय के अंदर दया तो लेशमात्र नहीं और वह ज्ञान की बातें खूब बनाते हैं वे आदमी चाहे जितनी साखी (भगवान की कथा) क्यों न सुने उन्हें नरक ही मिलेगा ।

**73.दया कौन पर कीजिये, का पर निर्दय होय ।**
**सांई के सब जीव है, कीरी कुंजर दोय ।।**

किस पर दया करनी चाहिए किस पर निर्दयता करनी चाहिए ? हे मानव तू सब पर समान भाव रख । कीड़ा और हाथी दोनों ही परमात्मा के जीव हैं ।

**74.जब मैं था तब गुरु नहीं, अब गुरु हैं मैं नाय ।**
**प्रेम गली अति साँकरी, ता में दो न समाय ।।**

जब मेरे अंदर मैं (अहंकार) था तब परमात्मा नहीं था, अब परमात्मा है तो अहंकार मिट गया यानी परमात्मा के दर्शन से अहंकार मिट जाता है ।

**75.छिन ही चढ़े छिन ही उतरे, सो तो प्रेम न होय ।**
**अघट प्रेम पिंजरे बसे, प्रेम कहावे सोय ।।**

जो छिन (तुरंत) में उतरे और छिन में चढ़े उसे प्रेम मत समझो । जो कभी भी घटे नहीं, हरदम शरीर की हड्डियों के भीतर तक में समा जाये वही प्रेम कहलाता है ।

**76.जहाँ काम तहाँ नाम नहिं, जहाँ नाम नहिं वहाँ काम ।**
**दोनों कबहुँ नहिं मिले, रवि रजनी इक धाम ।।**

कहीं नाम नहीं आ सकता और जहाँ हरिनाम है वहाँ कामनाएँ मिट जाती हैं । जिस प्रकार सूर्य और रात्रि नहीं

मिल सकते उस प्रकार जिस मन में ईश्वर का स्मरण है वहाँ कामनाएँ नहीं रह सकतीं ।

**77.कबिरा धीरज के धरे, हाथी मन भर खाय ।**
**टूक एक के कारने, स्वान घरै घर जाय ।।**

कबीरदास जी कहते हैं कि धीरज रखने के कारण ही हाथी मन भर खाता है पर धीरज न रखने के कारण कुत्ता एक-एक टुकड़े के लिए घर-घर मारा-मारा फिरता है ।

**78.ऊँचे पानी न टिके, नीचे ही ठहराय ।**
**नीचा हो सो भरिए पिए, ऊँचा प्यासा जाये ।।**

पानी ऊँचे पर नहीं ठहरता है वह नीचे ही फैलता है । जो नीचा झुकता है वह भर पेट पानी पी लेता है, जो ऊँचा ही खड़ा रहे वह प्यासा रह जाता है ।

**79.सबते लघुताई भली, लघुता ते सब होय ।**
**जैसे दूज का चंद्रमा, शीश नवे सब कोय ।।**

सबसे छोटा बनकर रहने में सब काम आसानी से निकल जाते हैं जैसे दूज के चंद्रमा को सब सिर झुकाते हैं।

**80.संत ही में सत बांटई, रोटी में ते टूक ।**
**कहे कबीर ता दास को, कबहुँ न आवे चूक ।।**

जो आदमी सच्चाई को बांटता है यानी सच्चाई का प्रचार करता है और रोटी में से टुकड़ा बाँटता है कबीर जी कहते हैं उस भक्त से भूल-चूक नहीं होती ।

**81.मार्ग चलते जो गिरे, ताकों नाहि दोष ।**
**यह कबिरा बैठा रहे, तो सिर करड़े दोष ।।**

रास्ते चलते-चलते जो गिर पड़े उसका कोई कसूर नहीं माना जाता लेकिन कबीरदास जी कहते हैं कि जो बैठा रहेगा उसके सिर पर तो कठिन कोस बने ही रहेंगे अर्थात कार्य करने में बिगड़ जाये तो उसे सुधारने का प्रयत्न करें परंतु

न करना अधिक दोषपूर्ण है ।

**82.जब ही नाम ह्रदय धरयो, भयो पाप का नाश ।**
**मानो चिनगी अग्नि की, परि पुरानी घास ।।**

जिस प्रकार अग्नि की चिंगारी पुरानी घास में पड़कर उसको फूँक देती है वैसे ही हरि के ताप से पाप नष्ट हो जाते हैं । जब भी आपके ह्रदय में नाम स्मरण द्दढ़ हो जाएगा, तभी समस्त पापों का नाश होगा ।

**83.काया काठी काल धुन, जतन-जतन सो खाय ।**
**काया वैद्य ईश बस, मर्म न काहू पाय ।।**

शरीर रूपी काठ को काल रूपी धुन की तरह से खाये जा रहे हैं । लेकिन इस शरीर में भगवान भी रहते हैं यह भेद कोई बिरला ही जानता है ।

**84.सुख सागर का शील है, कोई न पावे थाह ।**
**शब्द बिना साधु नही, द्रव्य बिना नहीं शाह ।।**

शील स्वभाव का सागर है जिसकी थाह कोई नहीं पा सकते वैसे ही भगवान के भजन के बिना साधु नहीं होता जैसे धन के बिना शाह नहीं कहलाता ।

**85.हर क्या दिखलाए, अनंतर जपिए राम ।**
**कहा काज संसार से, तुझे धनी से काम ।।**

तुझे संसार के दिखावे से क्या क्या काम तुझे तो अपने भगवान से काम है इसलिए गुप्त जाप कर ।

**86.फल कारण सेवा करे, करे न मन से काम ।**
**कहे कबीर सेवक नहीं, चहै चौगुना दाम ।।**

जो मनुष्य अपने मन में इच्छा को रखकर निजी स्वार्थ से सेवा करता है वह सेवक नहीं, वह तो सेवा के बदले कीमत चाहता है, सेवा निःस्वार्थ होनी चाहिए ।

**87.तेरा सांई तुझमें, ज्यों पहुपन में बास ।**

**कस्तूरी का हिरन ज्यों, फिर-फिर ढूँढ़त घास ।।**

कबीरदास जी कहते हैं कि मनुष्य तेरा स्वामी (भगवान) तेरे अंदर उसी प्रकार है जिस प्रकार पुष्पों में सुगंधित व्याप्त रहती है । फिर भी तू जिस प्रकार कस्तूरी वाला हिरण अपने अंदर छिपी हुई कस्तूरी को अज्ञान से घास में ढूँढता है उसी प्रकार ईश्वर को अपने से बाहर खोज करता है ।

**88.कथा-कीर्तन कुल विशे, भवसागर की नाव ।**
**कहत कबीरा या जगत में नाही और उपाव ।।**

कबीरदास जी कहते है कि संसार रूपी भवसागर से पार उतरने के लिए कथा-कीर्तन की नाव चाहिए इसके अतिरिक्त पार उतरने का कोई और उपाय नहीं है ।

**89.कबिरा यह तन जात है, सके तो ठौर लगा।**
**कै सेवा कर साधु की, कै गोविंद गुन गा ।।**

हे कबीर! यह तेरा तन जा रहा है इसे ठिकाने लगा ले यानी सारे जीवन की मेहनत तेरी व्यर्थ जा रही है । इसे संत सेवा और गोविंद का भजन करके अच्छा बना ले ।

**90.तन बोहत मन काग है, लक्ष योजन उड़ जाय ।**
**कबहु के धर्म अगम दयी, कबहुँ गगन समाय ।।**

मनुष्य का शरीर विमान के समान है और मन काग के समान है कि कभी तो नदी में गोते मारता है और कभी आकाश में जाकर उड़ता है ।

**91.जहँ गाहक ता हूँ नहीं, जहाँ मैं गाहक नाँय ।**
**मूरख यह भरमत फिरे, पकड़ शब्द की छाँय ।।**

कबीर जी कहते हैं कि जिस स्थान पर ग्राहक है वहाँ मैं नहीं हूँ और जहाँ मैं हूँ वहाँ ग्राहक नहीं, यानि मेरी बात को मानने वाले नहीं हैं लोग बिना ज्ञान के भरमाते फिरते हैं ।

**92.कहता तो बहुता मिला, गहता मिला न कोय ।**

**सो कहता वह जान दे, जो नहिं गहता होय ।।**

कहने वाले तो बहुत मिले परंतु वास्तविक बात को समझाने वाला कोई नहीं और जो वास्तविक बात समझाने वाला ही नहीं तो उसके कहने पर चलना व्यर्थ है ।

**93.तब लग तारा जगमगे, जब लग उगे न सूर ।**
**तब लग जीव जग कर्मवश, ज्यों लग ज्ञान न पूर ।।**

जब तक सूर्य उदय नहीं होता तब तक तारा चमकता रहता है इसी प्रकार जब तक जीव को पूरा ज्ञान प्राप्त नहीं होता । तब तक जीव कर्म के वश में रहता है ।

**94.आस पराई राखत, खाया घर का खेत ।**
**औरन को पत बोधता, मुख में पड़ा रेत ।।**

तू दूसरों की रखवाली करता है और अपने घर को नहीं देखता यानि तू दूसरों को ज्ञान सिखाता है और स्वयं क्यों नहीं परमात्मा का भजन करता ।

**95.सोना, सज्जन, साधु जन, टूट जुड़ै सौ बार ।**
**दुर्जन कुम्भ कुम्हार के, ऐके धका दरार ।।**

सोना और साधु दोनों अच्छे हैं यह सैंकड़ों बार टूटते हैं और जुड़ते हैं । वह बुरे हैं जो कुम्हार के घड़े की भाँति एक बार टूटकर नहीं जुड़ते अर्थात जो बुरे हैं वह विपत्ति के समय अपने को खो बैठता है ।

**96.सब धरती कागज करूँ, लेखनी सब वनराय ।**
**सात समुद्र की मसि करूँ, गुरुगुन लिखा न जाय ।।**

कबीरदास जी कहते हैं कि सारी धरती का कागज़ बनाऊँ, सारे जंगलों के वृक्षों की कलम बनाऊँ और सातों समुद्रों की स्याही बनाऊँ तो भी गुरु का यश नहीं लिखा जाता ।

**97.बलिहारी वा दूध की, जामे निकसे घीव ।**
**घी साखी कबीर की, चार वेद का जीव ।।**

कबीर कहते हैं कि मेरी आधी साखी चारों वेदों की जान है तो मैं क्यों न उस दूध का सम्मान करूँ जिसमें घी निकले । जिस प्रकार दूध में घी है इसी भाँति मेरी आधी साखी चारों वेदों का निचोड़ है ।

**98.आग जो लागी समुद्र में, धुआँ न प्रकट होय ।**
**सो जाने जो जरमुआ, जाकी लाई होय ।।**

जब मन में प्रेम की अग्नि लग जाती है तो दूसरा उसे क्यों जाने ? या तो वह जानता है जिसके मन से अग्नि लगी है या आग लगाने वाला जानता है ।

**99.साधु गाँठी न बाँधई, उदर समाता लेय ।**
**आगे-पीछे हरि खड़े जब भोगे तब देय ।।**

साधु गाँठ नहीं बाँधता वह तो पेट भर अन्न लेता है क्योंकि वह जानता है आगे पीछे ईश्वर खड़े हैं । भाव यह है कि परमात्मा सर्वव्यापी है जीव जब माँगता है तब वह उसे देता है ।

**100.घट का परदा खोलकर, सन्मुख दे दीदार ।**
**बाल सने ही सांइया, आवा अंत का यार ।।**

कबीरदास जी कहते हैं कि तेरा बालकपन का मित्र और आरंभ से अंत तक का जो मित्र है वह हमेशा तेरे अंदर रहता है, तू जरा अंदर के पर्दे को दूर करके देख तो सम्मुख ही भगवान के दर्शन हो जाएंगे ।

**101.जागन में सोवन करे, सोवन में लौ लाय ।**
**सूरत डोर लागी रहे, तार टूट नहीं जाय ।।**

जागत में सो और सोते में हरि से लौ लगाए रह । कहीं ऐसा न हो कि हरि-भजन का तार टूट जाये ।

**102.कबिरा खालिक जागिया, और ना जागे कोय ।**
**जाके विषय विष भरा, दास बंदगी होय ।।**

कबीरदास जी कहते हैं कि इस संसार में या तो परमात्मा जागता है या ईश्वर का भजन करने वाला या पापी जागता है, और कोई नहीं जागता ।

**103.ऊँचे कुल में जामिया, करनी ऊंच न होय ।**
**सौरन कलश सुरा, भरी, साधु निन्दा सोय ।।**

यदि सोने के कलश में शराब है तो संत उसे बुरा कहेंगे । इस प्रकार कोई ऊँचे कुल में पैदा होकर बुरा कर्म करे तो वह भी बुरा होता है ।

**104.सुमरण की सुबयों करो ज्यों गागर पनिहार ।**
**होले-होले सूरत में, कहें कबीर विचार ।।**

कबीरदास जी कहते हैं कि जैसे पनिहारी का ध्यान हर समय गागर पर ही रहता है इसी प्रकार तुम भी हर समय उठते-बैठते ईश्वर में मन लगाओ ।

**105.सब आए इस एक में, डाल-पात फल-फूल ।**
**कबिरा पीछा क्या रहा, गह पकड़ी जब मूल ।।**

कबीरदास जी कहते हैं कि जड़ के द्‌वारा ही डाल, पत्ते और फल-फूल लगते हैं जब जड़ पकड़ ली तो सब चीजें आ जाती हैं, ईश्वर का भरोसा करो ।

**106.जो जन भीगे रामरस, विगत कबहूँ ना रुख ।**
**अनुभव भाव न दरसते, ना दुःख ना सुख ।।**

जिस तरह सूखा पेड़ नहीं फलता इसी तरह राम के बिना कोई नहीं फल-फूल सकता । जिसके मन में राम-नाम के सिवा दूसरा भाव नहीं है उनको सुख-दुःख का बंधन नहीं है ।

**107.सिंह अकेला बन रहे, पलक-पलक कर दौर ।**
**जैसा बन है आपना, तैसा बन है और ।।**

जिस तरह शेर अकेला जंगल में रहता हुआ पल-पल दौड़ता रहता है जैसा अपना मन वैसा ही औरों का भी इसी तरह मन रूपी शेर अपने शरीर में रहते हुए भी घूमता फिरता है।

**108.यह माया है चूहड़ी, और चूहड़ा कीजो ।**
**बाप-पूत उरभाय के, संग ना काहो केहो ।।**

कबीरदास जी कहते हैं कि यह माया ब्रह्मा भंगी की जोरु है, इसमें ब्रह्मा और जीव दोनों बाप-बेटों को उलझा रखा है मगर यह साथ एक का भी नहीं देगी, तुम भी इसके धोखे में न आओ ।

**109.जहर की जमीं में है रोपा, अभी खींचे सौ बार ।**
**कबिरा खलक न तजे, जामे कौन विचार ।।**

हे कबीर! संसार में जिसने कुछ सोच-विचार रखा है वह ऐसे नहीं छोड़ता उसने तो पहले ही अपनी धरती में विष देकर थाँवला बनाया है । अब सागर से अमृत खींचता है तो क्या लाभ ।

**110.जग में बैरी कोई नहीं, जो मन शीतल होय ।**
**यह आपा तो डाल दे, दया करे सब कोय ।।**

यदि तुम्हारे मन में शांति है तो संसार में तुम्हारा कोई बैरी नहीं । यदि तू घमंड करना छोर दे तो सब तेरे ऊपर दया करेंगे !

**111.जो जाने जीव न अपना, करहीं जीव का सार ।**
**जीवा ऐसा पाहौना, मिले ना दुजी बार ।।**

यदि तुम समझते हो कि वह जीवन हमारा तो उसे राम-नाम से भर दो क्योंकि यह ऐसा मेहमान है जो दुबारा मिलना मुस्किल है ।

**112.कबीर जात पुकारया, चढ़ चन्दन की डार।**

**वाट लगाए ना लगे फिर क्या लेत हमार ।।**

कबीरदास जी कहते हैं कि मैंने चन्दन की डाली पर चढ़ बहुत से लोगों को पुकारकर ठीक रास्ता बताया परंतु जो ठीक रास्ते पर नहीं आता वह ना आवे! हमारा क्या लेता है ।

**113.लोग भरोसे कौन के, बैठे रहें उरगाय ।**
**जीय रही लूटत जाम फिरे, मैंढ़ा लूटे कसाय ।।**

जैसे मैंढें को कसाई मारता है उसी प्रकार जीव को यम मारने की घात में लगा रहता है और समझ में नहीं आता कि लोग किसके भरोसे गाफिल बैठे हुए हैं वह क्यों नहीं गुरु से शिक्षा लेते और बचने का उपाय क्यों नहीं करते हैं ।

**114.मूर्ख मूढ़ कुकर्मियों,निख सिख पाखर आही ।**
**बंधन कारा का करे, जब बाँध न लागे ताही ।।**

जिस मनुष्य को समझाने तथा पढ़ने से भी ज्ञान न हो तो ऐसे मनुष्य को समझना भी अच्छा नहीं क्योंकि उस पर आपकी बातों का कोई प्रभाव नहीं होगा ।

**115.एक कहूँ तो है नहीं, दूजा कहूँ तो गार ।**
**है जैसा तैसा ही रहे, रहें कबीर विचार ।।**

मैं उसे एक कहूँ तो सब जगत दिखता है और यदि दो कहूँ तो बुराई है । हे कबीर! बस विचार यही कहता हूँ कि जैसा है वैसा ही रह ।

**116.जो तू चाहे मुक्त को, छोड़ दे सब आस ।**
**मुक्त ही जैसा हो रहे, बस कुछ तेरे पास ।।**

परमात्मा का कहना है अगर तू मुक्ति चाहता है तो मेरे सिवाय सब आस छोड़ दे और मुझ जैसा हो जा, फिर तुझे कुछ परवाह नहीं रहेगी ।

**117.सांई आगे साँच है, सांई साँच सुहाय ।**
**चाहे बोले केस रख, चाहे घौंट भूण्डाय ।।**

परमात्मा सच्चाई ही पसंद करता है चाहे तुम जटा बढ़ाकर सच बोलो या सिर मूँड़ाकर । अर्थात सत्य का अस्तित्व नहीं बदलता । सांसारिक वेश-भूषा बदलने से वह नहीं बदला जा सकता ।

**118.अपने-अपने साख कि, सबही लिनी मान ।**
**हरि की बातें दुरन्तरा, पूरी ना कहूँ जान ।।**

हरि का भेद पाना बहुत कठिन है पूर्णतया कोई भी न जान सका । बस जिसने यह जान लिया कि मैं सब कुछ जान गया हूँ मेरे बराबर अब इस संसार में कौन है, इसी घमंड के वश में होकर वास्तविकता से प्रत्येक व्यक्ति वंचित ही रह गया ।

**119.खेत न छोड़े सूरमा, जूझे दो दल मोह ।**
**आशा जीवन मरण की, मन में राखें नोह ।।**

जो बलवान है वह दो सेनाओं के बीच में भी लड़ता रहेगा उसे अपने मरने की चिंता नहीं । वह मैदान छोड़कर नहीं भागेगा ।

**120.लीक पुरानी को तजें, कायर कुटिल कपूत ।**
**लीख पुरानी पर रहें, शातिर सिंह सपूत ।।**

पुराने मार्ग को कायर, धोखेबाज और नालायक ही छोड़ते हैं । चाहे रास्ता कितना ही बुरा क्यों न हो शेर और योग्य बच्चे अपना पुराना तरीका नहीं छोड़ते हैं और वे इस तरह से चलते हैं कि जिसमें कुछ लाभ हो।

**121.सन्त पुरुष की आरसी, संतों की ही देह ।**
**लखा जो चाहे अलख को, उन्हीं में लख लेह ।।**

संतों का शरीर शीशे की तरह साफ होता है उनके मन में ईश्वर दृष्टि आती है यदि तू ईश्वर को देखना चाहता है तो मन में ही देख ले ।

**122.भूखा-भूखा क्या करे, क्या सुनावे लोग ।**
**भांडा घड़ निज मुख दिया, सोई पूर्ण जोग ।।**

तू अपने आपको भूखा-भूखा कहकर क्या सुनाता है, लोग क्या तेरा पेट भर देंगे । याद रख, जिस परमात्मा ने तुझे शरीर और मुँह दिया है वही तेरे काम पूर्ण करेगा ।

**123.गर्भ योगेश्वर गुरु बिना, लागा हर का सेव ।**
**कहे कबीर बैकुंठ से, फेर दिया शुकदेव ।।**

यदि किसी ने अपना गुरु नहीं बनाया और जन्म से ही हरि सेवा में लगा हुआ है तो वह शुक्रदेव की तरह है।

**124.प्रेमभाव एक चाहिए, भेष अनेक बनाय ।**
**चाहे घर में वास कर, चाहे बन को जाय ।।**

चाहे लाख तरह के भेष बदलें । घर रहें, चाहे वन में जाएं परंतु सिर्फ प्रेम भाव होना चाहिए । अर्थात संसार में किसी भी स्थान पर, किसी भी स्थिति में रहें प्रेम भाव से रहना चाहिए ।

**125.कांचे भांडे से रहे, ज्यों कुम्हार का नेह ।**
**भीतर से रक्षा करे, बाहर चोई देह ।।**

जिस तरह कुम्हार बहुत ध्यान व प्रेम से कच्चे बर्तन को बाहर से थपथपाता है और भीतर से सहारा देता है । उसी प्रकार गुरु को शिष्य का ध्यान रखना चाहिए ।

**126.सांई ते सब हॉट है, बंदे से कुछ नाहिं ।**
**राई से पर्वत करे, पर्वत राई माहिं ।।**

ईश्वर जो चाहे कर सकता है बंदा कुछ नहीं कर सकता वह राई का पहाड़ बना सकता है और पहाड़ को राई कर दे,

यानि छोटे को बड़ा और बड़े को छोटा कर सकता है ।

**127.केतन दिन ऐसे गए, अन रुचे का नेह ।**
**अवसर बोवे उपजे नहीं, जो नहीं बरसे मेह ।।**

बिना प्रेम की भक्ति के वर्षों बीत गए तो ऐसी भक्ति से क्या लाभ ? जैसे बंजर जमीन में बोने से फल नहीं प्राप्त होता चाहे कितना ही मेह बरसे । ऐसे ही बिना प्रेम की भक्ति फलदायक नहीं होती ।

**128.एक ते अनन्त अन्त एक हो जाय ।**
**एक से परचे भया, एक मोह समाय ।।**

एक से बहुत (अनन्त) हो गए और फिर सब एक हो जाओगे जब तुम उस भगवान को जान लोगे तो तुम भी एक ही में मिल जाओगे ।

**129.साधु सती और सूरमा, इनकी बात अगाध ।**
**आशा छोड़े देह की, तन की अनथक साध ।।**

साधु, सती, सूरमा की बातें न्यारी हैं । यह अपने जीवन की परवाह नहीं करते हैं इसलिए इनमें साधन भी अधिक हैं ।साधारण जीव उनकी समानता नहीं कर सकता ।

**130.हरि संगत शीतल भया, मिटी मोह की ताप ।**
**निशिवासर सुख निधि, लहा अन्न प्रगटा आप ।।**

ईश्वर का नाम लेने से जीवात्मा की शांति हो गयी और मोह माया की आग दूर हो गयी । रात-दिन सुख से व्यतीत होने लगे और हृदय में ईश्वर का रूप दिखने लगा ।

**131.आशा का ईंधन करो, मनशा करो बभूत ।**
**जोगी फेरी यों फिरो, तब वन आवे सूत ।।**

कबीरदास जी कहते हैं कि ऐ जोगी ! तुम आशा और तृष्णा को फूँककर राख करके फेरी करो तब सच्चे जोगी बन सकोगे ।

**132.अटकी भाल शरीर में, तीर रहा है टूट ।**
**चुंबक बिना निकले नहीं, कोटि पठन को फूट ।।**

जैसे कि शरीर में वीर की भाल अटक जाती है और वह बिना चुंबक के नहीं निकल सकती इसी प्रकार तुम्हारे मन में जो खोट (बुराई) है वह किसी महात्मा के बिना निकल नहीं सकती, इसलिए तुम्हें सच्चे गुरु की आवश्यकता है ।

**133.अन्तरयामी एक तुम, आतम के आधार ।**
**जो तुम छोड़ो हाथ तौ, कौन उतारे पार ।।**

हे प्रभु ! आप हृदय के भावों को जानने वाले तथा आत्मा के आधार हो । यदि आपकी आराधना न करें तो हमको इस संसार-सागर से आपके सिवाय कौन पार उतारने वाला है ।

**134.अपने-अपने साख की, सब ही लिनी भान ।**
**हरि की बात दुरन्तरा, पूरी ना कहूँ जान ।।**

हरि का भेद पाना बहुत कठिन है पूर्णतया कोई भी न पा सका । बस जिसने यह जान लिया कि मैं सब कुछ जानता हूँ मेरे बराबर अब इस संसार में कौन है, इसी घमंड में होकर वास्तविकता से प्रत्येक वंचित ही रह गया ।

**135.आस पराई राखता, खाया घर का खेत ।**
**औरन को पथ बोधता, मुख में डारे रेत ।।**

तू दूसरों की रखवाली करता है अपनी नहीं यानि तू दूसरों को ज्ञान सिखाता है और स्वयं क्यों नहीं परमात्मा का भजन करता है ।

**136.आवत गारी एक है, उलटन होय अनेक ।**
**कह कबीर नहिं उलटिये, वही एक की एक ।।**

गाली आते हुए एक होती है परंतु उलटने पर बहुत हो जाती है । कबीरदास जी कहते हैं कि गाली के बदले में अगर उलट कर गाली न दोगे तो एक-की-एक ही रहेगी ।

**137.आहार करे मनभावता, इंद्री की स्वाद ।**
**नाक तलक पूरन भरे, तो कहिए कौन प्रसाद ।।**

जो मनुष्य इंद्रियों के स्वाद के लिए पूर्ण नाक तक भरकर खाय तो प्रसाद कहा रहा !

**138.आए हैं सो जाएँगे, राजा रंक फकीर ।**
**एक सिंहासन चढ़ि चले, एक बाँधि जंजीर ।।**

कबीरदास जी कहते हैं कि जो प्राणी इस संसार में जन्म ग्रहण करेगा वह अवश्य मरेगा चाहे वो गरीब हो अथवा अमीर । प्राणी अपने कर्मानुसार सिंहासन पर बैठता है तथा दूसरा जंजीरों में बंधकर जाता है ।

**139.आग जो लागी समुद्र में, धुआँ न प्रगटित होय ।**
**सो जाने जो जरमुआ, जाकी लाई होय ।।**

कबीर जी कहते हैं कि आग प्रायः धुआँ से जानी जाती है किन्तु जब प्रभु प्रेम की अग्नि किसी के मन में उत्पन्न हो जाती है तो उसको दूसरा कोई नहीं जानता है । उसके ज्ञान को भुक्तभोगी के सिवा अन्य कोई नहीं जान सकता है ।

**140.आशा को ईंधन करो, मनशर करा न भूत ।**
**जोगी फेरी यों फिरो, तब बुन आवे सूत ।।**

कबीर जी कहते हैं कि सच्चा योगी बनना है तो मोह वासनाओं तथा तृष्णा को फूँक कर नाश कर दो फिर फेरी करो तब हे प्राणी, तुम्हारे अंदर आत्मा का विकास होगा ।

**141.आया था किस काम को, तू सोया चादर तान ।**
**सूरत संभाल ए काफिला, अपना आप पहचान ।।**

कबीर जी कहते हैं कि प्राणी तू यहाँ मनुष्य योनि में जन्म लेकर भगवान भजन के लिए आया था । परंतु सांसारिक मोह, वासनों में फँस कर उसको भूल गया है

इसलिए तू अपने को पहचान कर अर्थात अज्ञान व मोह, वासनाओं का त्याग कर मान प्राप्त करके ईश्वर का स्मरण कर ।142.

**142.उज्ज्वल पहरे कापड़ा, पान-सुपारी खाय ।**
**एक हरि के नाम बिन, बाँधा यमपुर जाय ।।**

उजले कपड़े पहनता है और पाण-सुपारी खाकर अपने तन को मैला नहीं होने देता परंतु हरि का नाम न लेने पर यमदूत द्‌वारा बंधा हुआ नर्क में जाएगा ।

**143.उतने कोई न आवई, पासू पूछूँ धाय ।**
**इतने ही सब जात है, भार लदाय लदाय ।।**

कबीरदास जी कहते हैं कि कोई भी जीव स्वर्ग से नहीं आता है कि वहाँ का कोई हाल मालूम हो सके, यह बात पूछने से मालूम है कि उसको कुछ नहीं मालूम है, किन्तु यहाँ से जो जीव जाया करते हैं वे दुष्कर्मों के पोटरे बाँध के ले जाते हैं ।

**144.अवगुन कहूँ शराब का, आपा अहमक होय ।**
**मानुष से पशुया भया, दाम गाँठ से खोय ।।**

तुमसे शराब की बुराई करता हूँ कि शराब पीकर आप पागल होता है मूर्ख और जानवर बनता है और जेब से रकम भी लगती है ।

**145.एक कहूँ तो है नहीं, दूजा कहूँ तो गार ।**
**है जैसा तैसा रहे, रहे कबीर विचार ।।**

मैं उसे एक कहूँ तो सब जगह दिखता है और यदि दो कहूँ तो बुराई है । हे कबीर ! बस सोचकर यही कहता हूँ कि जैसा है वैसा ही रह ।

**146.ऐसी वाणी बोलिए, मन का आपा खोय ।**
**औरन को शीतल करे, आपौ शीतल होय ।।**

मन से घमंड को बिसार कर ऐसी वाणी बोलनी चाहिए जो दूसरों को शीतल करे और मनुष्य आप भी शांत हो जाये ।

**147.ऊँचे कुल का जनमिया, करनी ऊंच न होय ।**
**सुबरन कालस सुरा भरा, साधु निन्दा सोय ।।**

उच्च कुल में जन्म लेने वाला तो प्राणी है । उसके यदि कुल के अनुसार कर्म नहीं हुए तो जन्म लेना निरर्थक है । जिस प्रकार कि सोने के कलश में शराब भरी हुई हो तो वह साधु व्यक्तियों के लिए निंदनीय है।

**148.ऊँचे पानी न टिके, नीचे ही ठहराय ।**
**नीचा हो सो भरिए पिए, ऊँचा प्यासा जाय ।।**

पानी ऊँचे पर नहीं ठहरता है, इसलिए नीचे झुकने वाला पानी पी सकता है । ऊँचा खड़ा रहने वाला प्यासा ही रह जाता है अर्थात नम्रता से सबकुछ प्राप्त होता है ।

**149.कबीरा संगत साधु की, ज्यों गंधी की वास ।**
**जो कुछ गंधी दे नहीं, तो भी बास सुवास ।।**

कबीर जी कहते हैं कि साधु की संगति गंधी की वास की भाँति है, यदि्द्प गंधी प्रत्यक्ष में कुछ नहीं देता है तो भी उसके इत्रों की सुगंधी से मन को अत्यंत प्रसन्नता मिलती है । इसी प्रकार साधु संगति से प्रत्यक्ष लाभ न होता हो तो भी मन को अत्यंत प्रसन्नता और शांति तो मिलती है ।

**150.कबीरा संगति साधु की, जौ की भूसी खाय ।**
**खरी खाँड़ भोजन मिले, ताकर संग न जाय ।।**

कबीर जी कहते हैं कि साधु की संगति में जौ कि भूसी खाकर रहना उत्तम है, परंतु दुष्ट की संगति में खांड़ मिश्रित खीर खाकर भी रहना अच्छा नहीं ।

**151.कबीरा संगति साधु की, हरे और की व्याधि ।**
**संगति बुरी असाधु की, आठो पहर उपाधि ।।**

कबीर जी कहते हैं कि साधु की संगति ही भली है जिससे कि दूसरे की आपत्ति मिट जाती है । असाधु कि संगति बहुत खराब है, जिससे कि आठों पहर उपाधियां घेरे रहती हैं ।

**152.एक ते जान अनंत, अन्य एक हो आय ।**
**एक से परचे भया, एक बाहे समाय ।।**

एक से बहुत हो गए और फिर सब एक हो जाओगे जब तुम सब भगवान को जान लोगे तो तुम भी एक ही में मिल जाओगे ।

**153.कबीरा गरब न कीजिए, कबहुँ न हँसिये कोय ।**
**अजहूँ नाव समुद्र में, का जानै का होय ।।**

कबीरदास जी कहते हैं कि मनुष्य को कभी भी अपने ऊपर गर्व (घमंड)नहीं करना चाहिए और कभी भी किसी का उपहास नहीं करना चाहिए, क्योंकि आज भी हमारी नाव समुद्र में है । पता नहीं क्या होगा (डूबती है या बचती है) ।

**154.कबीरा कलह अरु कल्पना,सतसंगति से जाय ।**
**दुख बासे भागा फिरै, सुख में रहै समाय ।।**

संतों की संगति में रहने से मन से कलह एवं कल्पनादिक आधि-व्याधियाँ नष्ट हो जाती हैं तथा साधुसेवी व्यक्ति के पास दुख आने का साहस नहीं करता है वह तो सदैव सुख का उपभोग करता रहता है ।

**155.कबीरा संगति साधु की, जित प्रीत किजै जाय ।**
**दुर्गति दूर वहावती, देवी सुमति बनाय ।।**

कबीर जी कहते हैं कि साधु की संगति नित्य ही करनी चाहिए । इससे दुर्बुद्धि दूर होके सुमति प्राप्त होती है।

**156.कबीरा संगत साधु की, निष्फल कभी न होय ।**
**होमी चन्दन बासना, नीम न कहसी कोय ।।**

साधु की संगति कभी निष्फल नहीं जाती है, चन्दन के हवन से उत्पन्न वास को नीम की वास कोई नहीं कह सकता है ।

**157.को छुटौ इहिं जाल परि, कत फुरंग अकुलाय ।**
**ज्यों-ज्यों सुरझि भजौ चहै, त्यों-त्यों उरझत जाय ।।**

इस संसार बंधन से कोई नहीं छूट सकता । पक्षी जैसे-जैसे सुलझ कर भागना चाहता है । तैसे ही तैसे वह उलझता जाता है ।

**158.कबीरा लहर समुद्र की, निष्फल कभी न जाय ।**
**बगुला परख न जानई, हंसा चुग-चुग खे ।।**

कबीरदास जी कहते हैं कि समुद्र की लहर भी निष्फल नहीं आती । बगुला ज्ञान रहित होने के कारण उसे मत्स का आहार कर के अपना जीवन व्यतीत करना है । परंतु हंस बुद्धिमान होने के कारण मोतियों का आहार कर अपने जीवन को व्यतीत करता है ।

**159.कबीरा सोया क्या करे, उठि न भजे भगवान ।**
**जम जब घर ले जाएँगे, पड़ा रहेगा म्यान ।।**

कबीरदास जी कहते हैं कि हे जीव सोकर क्या करेगा उठकर भगवान का थोड़ा-सा भजन कर ले नहीं तो अंत समय आ जाने पर यम के दूत तुझको ले जाएंगे और जो शरीर तू अब हृष्ट-पुष्ट कर रहा है यह शरीर म्यान की तरह पड़ा रह जाएगा ।

**160.कबीरा धीरज के धरे, हाथी मन भर खाय ।**
**टूट-टूट के कारनै, स्वान धरे धर जाय ।।**

कबीरदास जी कहते हैं कि कि गज के धैर्य धारण करने से ही वह मन भर भोजन करता है, परंतु कुत्ता धैर्य नहीं धारण करने से घर घर एक टूक के लिए फिरता है । इसलिए

सम्पूर्ण जीवों को चाहिए कि वो धैर्य धारण करे ।

**161.काह भरोसा देह का, बिनस जात छिन्न मारहिं ।**
**साँस-साँस सुमिरन करो, और यतन कछु नाहिं ।।**

कबीरदास जी कहते हैं कि इस पंच तत्व शरीर का क्या भरोसा है किस क्षण इसके अंदर रहने वाली प्राण वायु इस शरीर को छोड़कर चली जावे । इसलिए जितनी बार यह सांस तुम लेते हो दिन में उतनी बार भगवान के नाम का स्मरण करो कोई यत्न नहीं है ।

**162.काल करे सो आज कर, आज करै सो अब ।**
**पल में परलय जोयागी, बहुर करैगा कब ।।**

जो कार्य, हे प्राणी कल करने का विचार है उसको अभी कर, नहीं तो हे प्राणी जाने किस समय मृत्यु आकर घेर ले और उस समय पश्चाताप करना निरर्थक होगा अर्थात जो कार्य करना है इस संसार में उसको शीघ्र कर ले नहीं तो समय निकल जाने पर फिर कुछ नहीं कर सकेगा ।

**163.काया काढ़ा काल धुन, जतन-जतन सो खाय ।**
**काया ब्रह्म ईश बस, मर्म न काहूँ पाय ।।**

काष्ठ रूपी काया को काल रूपी धुन भिन्न-भिन्न प्रकार से खा रहा है । शरीर के अंदर हृदय में भगवान स्वयं विराजमान है, इस बात को कोई बिरला ही जानता है ।

**164.कहा कियो हम आय कर, कहा करेंगे पाय ।**
**इनके भये न उतके, चाले मूल गवाय ।।**

कबीरदास जी कहते हैं कि जीव के पैदा होने का कोई कारण उसको भी नहीं किया या अब समय उपस्थित है कि जीव को जाना है तो उसको पहले ईश्वर का स्मरण करने का कार्य वह भी नहीं किया । अब न तो इस संसार के ही रहे और न मोक्षप्राप्ति के अधिकारी ही हुए अब बीच में

नरक में ही रह गए इसलिए प्राणी को हरि का स्मरण थोड़ा बहुत अवश्य करना चाहिए, सांसारिक झगड़ों में नहीं फंसना चाहिए ।

**165.कुटिल बचन सबसे बुरा,जासे होत न हार ।**
**साधु बचन जल रूप है, बरसे अमृत धार ।।**

कठोर वचन सबसे बुरी वस्तु है, यह मनुष्य के शरीर को जलाकर राख के समान कर देता है । सज्जनों के वचन जल के समान शीतल होते हैं । जिनको सुनकर अमृत की वर्षा हो जाती है ।

**166.कहता तो बहूँना मिले, गहना मिला न कोय ।**
**सो कहता वह जाने दे, जो नहीं गहना कोय ।।**

कबीर जी कहते हैं कि इस संसार में आत्मज्ञान के उपदेशक तो बहुत मिले कि आत्मज्ञान प्राप्त करने के लिए यह करना चाहिए वह करना चाहिए आदि, परंतु उसको अपने अंदर अपनाने वाला कोई जीव नहीं मिला । उनके कहने पर स्नेह मात्र नहीं जो आत्मज्ञान के विवेकी नहीं हैं ।

**167.कबीर मन पंछी भया,भये ते बाहर जाय ।**
**जो जैसे संगति करै, सो तैसा फल पाय ।।**

कबीरदास जी कहते हैं कि मेरा मन एक पक्षी के समान है, जिस प्रकार के वृक्ष पर बैठेगा वैसे ही फल का आस्वादन करेगा । इसलिए हे प्राणी, तू जिस प्रकार की संगति में रहेगा तेरा हृदय उसी प्रकार के कार्य करने की अनुमति देगा ।

**168.कबीरा लोहा एक है, गढ़ने में है फेर ।**
**ताही का बखतर बने, ताही की शमशेर ।।**

कबीरदास जी कहते हैं कि एक ही धातु लोहे को अनेक रूपों में गढ़कर अनेक वस्तुएं बना सकते हैं । जिस प्रकार तलवार

तथा बखतर लोहे के ही बने होते हैं उसी प्रकार भगवान अनेको रूपों में प्राप्त है, परंतु वह एक ही है ।

**169.कहे कबीर देय तू, जब तक तेरी देह ।**
**देह खेह हो जाएगी, कौन कहेगा देह ।।**

कबीरदास जी कहते हैं कि जब तक तू जीवित है तब तक दान दिये जा । प्राण निकलने पर यह शरीर मिट्टी हो जाएगा तब इसको देह कौन कहेगा ।

**170.करता था सो क्यों किया, अब कर क्यों पछिताय ।**
**बोया पेड़ बाबुल का, आम कहाँ से खाय ।।**

कार्य को विचार कर करना चाहिए, जिस प्रकार बबूल का पेड़ बो कर आम खाने की इच्छा की जाय वह निष्फल रहेगी बगैर विचारे कार्य करके फिर पछचात्ताप नहीं करना चाहिए ।

**171.कस्तूरी कुंडल बसै, मृग ढूंढे बन माहिं ।**
**ऐसे घट-घट राम है, दुनिया देखे नाहिं ।।**

भगवान प्रत्येक व्यक्ति के हृदय में विद्‌यमान है परंतु सांसारिक प्राणी उसे देख नहीं पाता है । जिस प्रकार मृग की नाभि में कस्तूरी रहती है | परंतु वह उसे पाने के लिए इधर-उधर भागता है पर पा नहीं सकता और अंत में मर जाता है ।

**172.कबीर सोता क्या करे, जागो जपो मुरार ।**
**एक दिना है सोवना, लांबे पाँव पसार ।।**

कबीर अपने को संबोधित करते हुए कहते हैं कि हे कबीर! तू सोने में समय क्यों नष्ट करता है । उठ तथा भगवान कृष्ण का स्मरण कर और अपने जीवन को सफल बना । एक दिन इस शरीर को त्याग कर तो सोना ही है । अर्थात इस संसार को छोड़ कर जाना ही है ।

**173.कागा काको धन हरे, कोयल काको देय ।**
**मीठे शब्द सुनाय के, जग अपनो कर लेय ।।**

कागा किसका धन हरता है जिससे संसार उससे नाराज रहता है और क्या कोयल किसी को अपनी धुन देती है वह तो केवल अपनी मधुर (शब्द) ध्वनि सुनाकर संसार को मोहित कर लेती है ।

**174.कबीरा सोई पीर है, जो जा नै पर पीर ।**
**जो पर पीर न जानइ, सो काफिर के पीर ।।**

कबीरदास जी कहते हैं कि वही सच्चा पीर (साधु) है जो दूसरों की पीर (आपत्तियों) को भली प्रकार समझता है जो दूसरों की पीर को नहीं समझता वह बेपीर एवं काफिर होता है ।

**175.कबिरा मनहि गयंद है, आंकुश दै-दै राखि ।**
**विष की बेली परि हरै, अमृत को फल चाखि ।।**

कबीरदास जी कहते हैं कि मन हाथी के समान है उसे अंकुश की मार से अपने कब्जे में रखना चाहिए इसका फल विष के प्याले को त्याग कर अमृत के फल के पाने के समान होता है ।

**176.कबीर सीप समुद्र की, रटे पियास पियास ।**
**और बूँदी को ना गहे, स्वाति बूँद की आस ।।**

कबीर दास जी कहते हैं कि प्रत्येक प्राणी को ऐसी वस्तु ग्रहण करना चाहिए जो उसे उत्तम फल प्रदान करें; जिस प्रकार मोती उत्पन्न करने के लिए समुद्र की सीप पियासी-पियासी कह कर पुकारती है परंतु वह स्वाति जल के बूँद के अतिरिक्त और किसी का पानी नहीं ग्रहण करती है ।

**177.कबीर यह जग कुछ नहीं, खिन खारा खिन मीठ ।**
**काल्ह जो बैठा भंडपै, आज भसाने दीठ ।।**

कबीरदास जी कहते हैं कि यह संसार नाशवान है क्षण भर को कटु तथा क्षण भर को मधु प्रतीत होता है । जिस प्रकार कि कल कोई व्यक्ति मण्डप में बैठा हो और आज उसे शमशान देखना पड़े ।

**178.कबिरा जपना काठ की, क्या दिखलावे मोय ।**
**हिरदय नाम न जपेगा, यह जपनी क्या होय ।।**

कबीर जी कहते हैं कि इस लकड़ी की माला से क्या होता है यह क्या असर दिखा सकती है अगर कुछ लेना और देखना हो तो मन से हरि सुमिरण कर, बेमन लागे जाप व्यर्थ है ।

**179.कबिरा ते नर अन्ध हैं, गुरु को कहते और ।**
**हरि रूठे गुरु ठौर है, गुरु रूठे नहीं ठौर ।।**

कबीरदास जी कहते हैं कि वे नर अन्धे हैं जो गुरु को भगवान से छोटा मानते हैं क्योंकि ईश्वर के रुष्ट होने पर एक गुरु का ही सहारा तो है लेकिन गुरु के नाराज़ होने के बाद कोई ठिकाना नहीं रहता ।

**180.कबिरा आप ठगाइए, और न ठगिए कोय ।**
**आप ठगे सुख होत है, और ठगे दुख होय ।।**

कबीरदास जी कहते हैं कि स्वयम को ठगना उचित है । किसी को ठगना नहीं चाहिए । अपने ठगने से सुख प्राप्त होता है और औरों को ठगने से अपने को दुख होता है ।

**181.कथा कीर्तन कुल विशे, भव सागर की नाव ।**
**क़हत कबीरा या जगत, नाहीं और उपाय ।।**

कबीरदास जी कहते हैं कि संसार रूपी भवसागर से पार उतरने के लिए कथा-कीर्तन की नाव चाहिए इसके सिवाय पार उतरने के लिए और कोई उपाय नहीं ।

**182.कबिरा यह तन जात है, सके तो ठौर लगा ।**
**कै सेवा कर साधु की, कै गोविंद गुनगा ।।**

ऐ कबीर यह तेरा तन जा रहा है ठिकाने लगा ले यानी चला गया और भगवान के पास जाकर उसी में मिल गया यानी नदी की लहरें फिर नदी में मिल गईं यही एक बात है जो कहनी है और कुछ भी नहीं कहा जाता।

**183.कली खोटा सजग आंधरा, शब्द न माने कोय ।**
**चाहे कहूँ सत आइना, सो जग बैरी होय ।**

यह कलयुग खोटा है और सारा जग अंधा है मेरी बात कोई नहीं मानता, बल्कि जिसको भली बात बताया हूँ वह मेरा बैरी हो जाता है ।

**184.केतन दिन ऐसे गए, अन रुचे का नेह ।**
**अवसर बोवे उपजे नहीं, जो नहिं बरसे मेह ।।**

बिना प्रेम की भक्ति के वर्ष बीत गया तो ऐसी भक्ति से क्या लाभ जैसे बंजर जमीन में बोने से फल नहीं होता चाहे कितना ही मेह बरसे ऐसे ही बिना प्रेम की भक्ति फलदायक नहीं होती ।

**185.कांचे भाड़े से रहे, ज्यों कुम्हार का नेह ।**
**अवसर बोवे उपजे नहीं, जो नहिं बरसे मेह ।।**

जिस तरह कुम्हार बहुत ध्यान व प्रेम से कच्चे बर्तन को बाहर से थपथपाता है और भीतर से सहारा देता है । इसी प्रकार गुरु को चेले का ध्यान रखना चाहिए ।

**186.गर्भ योगेश्वर गुरु बिना, लागा हर का सेव ।**
**कहे कबीर बैकुंठ से, फेर दिया शुकदेव ।।**

यदि किसी ने अपना गुरु नहीं बनाया और जन्म से ही हरि सेवा में लगा हुआ है तो उसे शुकदेव की तरह बैकुंठ से आना पड़ेगा ।

**187.गुरु गोविंद दोऊ खड़े, काके लागू पाँय ।**
**बलिहारी गुरु आपने, गोविंद दियो बताय ।।**

गुरु और गोविंद मेरे सन्मुख दोनों खड़े हैं हुए हैं अब मैं किनके पैरों में पड़ूँ, जब यह प्रश्न उठता है उस समय कबीर जी कहते हैं कि मैं अपने गुरुजी का ही धन्यवाद समझता हूँ क्योंकि उन्होने मेरे लिए ज्ञान देकर ईश्वर को बता दिया अर्थात बिना गुरु के ज्ञान नहीं होता है ।

**188.गाँठि न थामहिं बाँध ही, नहिं नारी सो नेह ।**
**कह कबीर वा साधु की, हम चरनन की खेह ।।**

कबीरदास जी कहते हैं कि जो साधु पुरुष धन का गठबंधन नहीं करते हैं तथा जो स्त्री से नेह नहीं करते हैं, हम तो ऐसे साधु के चरणों की धूल के समान हैं ।

**189.खेत ना छोड़े सूरमा, जूझे को दल माँह ।**
**आशा जीवन मरण की, मन में राखे नाँह ।।**

जो बलवान है वह दो सेनाओं के बीच भी लड़ता रहेगा उसे अपने मरने की चिंता नहीं और वो मैदान छोड़कर नहीं भागेगा ।।

**190.चन्दन जैसा साधु है, सर्पहि सम संसार ।**
**वाके अङ्ग लपटा रहे, मन मे नाहिं विकार ।।**

साधु चन्दन के समान है और सांसारिक विषय वासना सर्प की तरह है । जिसमें पर विष चढ़ता हि रहता है सत्संग करने से कोई विकार पास नहीं आता है । क्या विषयों में फँसा हुआ मनुष्य कभी किसी प्रकार पार पा सकता हैं ?

**191.घाट का परदा खोलकर, सन्मुख ले दीदार ।**
**बाल सनेही साइयां, आवा अंत का यार ।।**

जो भगवान के शैशव अवस्था का सखा और आदि से समाप्ती तक का मित्र है । कबीरदास जी कहते हैं कि हे जीव अपने ज्ञान चक्षु द्वारा हृदय में उसके दर्शन कर!

**192.घी के तो दर्शन भले, खाना भला न तेल ।**

**दाना तो दुश्मन भला, मूरख का क्या मेल ।।**

तेल खाने से घी के दर्शन करना ही उत्तम है । मूर्ख मित्र रखना खराब है तथा बुद्धिमान शत्रु अच्छा है । मूर्ख में ज्ञान न होने के कारण जाने कब धोखा दे दे, परंतु चतुर वैरी हानि पहूँचाएगा उसमें चतुराई अवश्य चमकती होगी ।

**193.गारी ही सो ऊपजे, कलह कष्ट और भींच ।**
**हारि चले सो साधु हैं, लागि चले सो नीच ।।**

गाली से ही कलह और दुःख तथा मृत्यु पैदा होती है जो गाली सुनकर हार मानकर चला जाए वही साधु जानो यानी सज्जन पुरुष और जो गाली देने के बदले में गाली देने लग जाता है वह नीच है ।

**194.छिन ही चढ़े छिन उतरे, सो तो प्रेम न होय ।**
**अघट प्रेम पिंजरे बसे, प्रेम कहाबै सो ।।**

जो प्रेम क्षण-क्षण में घटता तथा बढ़ता रहता है वह प्रेम नहीं है । प्रेम तो वह है जो हमेशा एक सा रहे । भगवान का प्रेम अघट प्रेम है जो मनुष्य की सम्पूर्ण इंद्रियों से प्रदर्शित होता रहता है ।

**195.छीर रूप सतनाम है, नीर रूप व्यवहार ।**
**हंस रूप कोई साधु है, तत का छानन हार ।।**

भगवान राम का नाम दूध के समान है और सांसरिक व्यवहार पानी के समान निस्सार वस्तु है । हंस रूप साधु होता है, जो तत्व वस्तु भगवान को छांट लेता है ।

**196.चलती चक्की देख के, दिया कबीरा रोय ।**
**दुइ पट भीतर आइके, साबित बचा न कोय ।।**

चलती हुई चक्की को देखकर कबीर रोने लगे कि दोनों पाटों के बीच में आकर कोई भी दाना साबुत नहीं बचा अर्थात इस संसार रूपी चक्की से निकलकर कोई भी प्राणी अभी

तक निष्कलंक (पापरहित) नहीं गया है ।

**197.ज्यों तिल मांही तेल है, ज्यों चकमक में आग ।**
**तेरा सांई तुझी में, जागि सकै तो जाग ।।**

जिस तरह तिल्ली के अंदर तेल तथा चकमक में अग्नि है फिर भी जो युक्ति से प्राप्त होते हैं यद्धपि वह अंदर ही विराजमान है, उसी प्रकार परमात्मा भी तेरे भीतर स्थित है, यदि तू उसके दर्शन का अभिलाषी है तो अपने ज्ञानचक्षुओं को खोलकर दर्शन कर बगैर ज्ञानचक्षु के परमात्मा के दर्शन नहीं कर सकता है ।

**198.जा पल दरसन साधु का, ता पल की बलिहारी ।**
**राम नाम रसना बसे, लिजै जनम सुधारि ।।**

जिस घड़ी साधु का दर्शन हो उसे श्रेष्ठ समझना चाहिए । और रामनाम को रटते हुए अपना जन्म सुधारना चाहिए ।

**199.जागन में सोवन करे, सोवन में लौ लाय ।**
**सूरत डोर लागी रहै, तार टूट नहिं जाय ।।**

मनुष्य को चाहिए कि उसके मन में जागृत अवस्था में तथा निद्रित अवस्था में हरि के प्रति भक्ति की चाहना होती रहे और हरि के स्मरण का ध्यान कभी नष्ट न हो ।

**200.जा घर गुरु की भक्ति नहि, संत नहीं समझना ।**
**ता घर जाम डेरा दिया, जीवन भये मसाना ।।**

जिस घर में ईश्वर तथा संतों के प्रति आदर-सत्कार नहीं किया जाता है, उस घर में यमराज का निवास रहता है तथा वह घर श्मशान के सदृश है, गृहस्थी का भवन नहीं है ।

**201.जल ज्यों प्यारा माछरी, लोभी प्यारा दाम ।**
**माता प्यारा बालका, भक्तना प्यारा नाम ।।**

जैसे जल मछ्ली के लिए प्यारा लगता है और धन लोभी को प्यारा है, माता को पुत्र प्यारा होता है । इसी प्रकार

भगवान के भक्त को ईश्वर के नाम का स्मरण ही अच्छा लगता है ।

**202.जा कारण जग ढूंढिया, सो तो घट ही माहिं ।**
**परदा कीया भरम का, ताते सूझे नाहिं ।।**

जिस भगवान की तू संसार में खोज करता फिरता है वह तो हे जीव तेरे मन में व्याप्त हैं । भ्रम के पर्दे के कारण मुझे नहीं दिखाई देता इसलिए हे जीव, तू अपने मन के अज्ञान को नाश कर और ईश्वर के दर्शन कर । अर्थात बिना ज्ञान के हरि दर्शन नहीं हो सकता ।

**203.जबही नाम हृदय धरा, भया पाप का नास ।**
**मानो चिनगी आग की, परी पुरानी घास ।**

जब भगवान का स्मरण मन से लिया जाता है तो जीव के सम्पूर्ण पाप नष्ट हो जाते हैं । जिस प्रकार एक चिनगारी अग्नि की पुरानी घास में गिर पड़े तो क्या होगा उससे सम्पूर्ण घास नष्ट हो जाती है । इसलिए पापों के विनाश हेतु भगवान का स्मरण मन से करना चाहिए ।

**204.जब मैं था तब गुरु नहीं, अब गुरु हैं हम नाय ।**
**प्रेम गली अति साँकरी, तामे दो न समाय ।।**

कबीरदास जी कहते हैं कि जीव कहता है कि जब मैं था तब गुरु नहीं थे अर्थात मुझ में अंधकार का प्रवेश था या अहंकार का भाव था, परंतु अब अहम भाव नष्ट हुआ तब मैं गुरु को मानने लगा और उनके सामने मैं अपने को कुछ नहीं समझता था । इस कारण मेरे लिए भगवान का दर्शन होना प्रारम्भ हो गया अर्थात प्रेम की जो गली है वह बहुत सँकरी है जिसमें अहम भाव तथा ईश्वर के प्रति भक्ति दोनों नहीं समा सकते हैं।

**205.जब लग भक्ति से काम है, तब लग निष्फल सेव ।**

**कह कबीर वह क्यों मिले, निःकामा निज देव ।।**

जब तक भक्ति स्वार्थ के लिए है तब तक ईश्वर की भक्ति निष्फल है । इसलिए भक्ति निष्काम करनी चाहिए । कबीर जी कहते हैं कि इच्छारहित भक्ति में भगवान के दर्शन होते हैं ।

**206.जब लग नाता जगत का, तब लग भक्ति न होय ।**
**नाता तोड़ हरि भजे, भकत कहावै सोय ।।**

जब तक संसार की प्रवृत्तियों में जीव का मन लगा हुआ है तब तक उस जीव पर भक्ति नहीं हो सकती है । यदि जीव इस संसार के मोह आदि वृत्तियों का त्याग करके विष्णु भगवान का स्मरण करता है तभी भक्त कहला सकता है । अर्थात बिना वैराग्य के भक्ति नहीं मिल सकती ।

**207.जो तोकूं काँटा बुवै, ताहि बोय तू फूल ।**
**तोकू फूल के फूल है, बांकू है तिरशूल ।।**

कबीर जी कहते हैं कि जीव यदि तेरे लिए कोई कांटे बोवे तो तू उसको फूल बो अर्थात हे प्राणी तेरे साथ में कोई बदी करे तो तू उसके साथ नेकी कर अर्थात मेरे लिए तेरा सदव्यवहार है और किसी का तेरे लिए किया हुआ । दुर्व्यवहार पुनः उसके लिए कांटा है ।

**208.जहाँ दया तहाँ धर्म है, जहाँ लोभ तहाँ पाप ।**
**जहाँ क्रोध तहाँ काल है, जहाँ क्षमा तहाँ आप ।।**

जिस आदमी में दया है तो वहाँ पर ही धर्म है जहाँ पर लोभ है वहाँ पर पाप है, जहाँ पर क्रोध है वहाँ पर मृत्यु । जहाँ पर मनुष्य क्षमा साधारण करे वह परमात्मा का भक्त बन जाता है ।

**209.जहाँ काम तहाँ नाम नहिं, जहाँ नाम नहिं काम ।**
**दोनों कबहूं ना मिले, रवि रजनी एक ठाम ।।**

जहाँ पर काम वासना है वहाँ पर भगवान का नाम नहीं आ सकता है । जहाँ पर भगवान का नाम है वहाँ मोह, काम वासनाएँ नहीं आ सकती हैं । मोह-काम वासनाएँ और भगवान का नाम ये दोनों एक स्थान पर एकत्रित नहीं हो सकते हैं । जिस प्रकार कि रात्रि में सूर्य का अभाव रहता है । उसी प्रकार ईश्वर प्रेम के ज्ञान रूपी प्रकाश में अज्ञान का नाश हो जाता है ।

**210.जा घट प्रेम न संचरे, सो घट जान समान ।**
**जैसे खाल लुहार की, सांस लेतु बिन प्रान ।।**

जिस आदमी के हृदय में प्रेम नहीं है वह श्मशान के सदृश्य भयानक एवं त्याज्य होता है | जिस प्रकार के लुहार की धौंकनी की भरी हुई खाल बगैर प्राण के साँस लेती है उसी प्रकार उस आदमी का कोई महत्व नहीं है ।

**211.ज्यों नैनन में पूतली, त्यों मालिक घर मांहि ।**
**मूर्ख लोग न जानिए, बाहर ढूँढ़त जांहि ।**

जिस प्रकार नेत्रों के अंदर पुतली रहती है और वह सारे संसार को देख सकती है, किन्तु अपने को नहीं उसी तरह भगवान हृदय में विराजमान है और मूर्ख लोग बाहर ढूँढ़ते फिरते हैं ।

**212.जाके मुख माथा नहीं, नाहीं रूप कुरूप ।**
**पुछुप बास तें पामरा, ऐसा तत्व अनूप ।।**

निराकार ब्रह्म का कोई रूप नहीं है वह सर्वत्र व्यापक है न वह विशेष सुंदर ही है और न कुरूप ही है वह अनूठा तत्व पुष्प की गन्ध से पतला है ।

**213.जहाँ आप तहाँ आपदा, जहाँ संशय तहाँ रोग ।**
**कह कबीर यह क्यों मिटै, चारों बाधक रोग ।।**

जहाँ पर भाव है वहाँ पर आपत्तियां हैं । और जहाँ संशय है वहाँ पर रोग होता है । कबीरदास जी कहते हैं कि ये चारों बलिष्ट रोग कैसे मिटें । अर्थात भगवान के स्मरण करने से नष्ट हो जाते हैं ।

**214.जाति न पूछो साधु की, पूछि लीजिए ज्ञान ।**
**मोल करो तलवार का, पड़ा रहन दो म्यान ।।**

किसी साधु से उनकी जाति न पूछो बल्कि उससे ज्ञान पूछो इसी तरह तलवार की कीमत मत पूछो म्यान को पड़ा रहने दो ।

**215.जब मैं था तब हरि नहीं, अब हरि है मैं नाहिं ।**
**सब अंधिरा मिट गया, दीपक देखा माहिं ।।**

जब मैं अविद्या वश अपने स्वरूप को नहीं पहचानता था । तब अपने में तथा हरि में भेद देखता था । अब जब ज्ञान दीपक द्वारा मेरे हृदय का अंधकार (अविद्या) मिट गया तो मैं अपने को हरि में अभिन्न देखता हूँ।

**216.जल में बसै कमोदनी, चन्दा बसै अकास ।**
**जो है जाको भावना, सो ताही के पास ।।**

जो आदमी जिसके प्रिय होता है वह उसके पास रहता है, जिस प्रकार कुमुदनी जल में रहने पर भी चंद्रमा से प्रेम करने के कारण उसकी चाँदनी में ही मिलती है ।

**217.जहर की जमी में है रोपा, अभी सींचें सौ बार ।**
**कबिरा खलक न तजे, जामे कौन विचार ।।**

हे कबीर! संसार में जिसने जो कुछ सोच-विचार रखा है वह ऐसे नहीं छोड़ता उसने जो पहले ही अपनी धरती में विष देकर थाँवला बनाया है अब सागर अमृत सींचता है तो क्या तो क्या लाभ ?

**218.जहाँ ग्राहक तंह मैं नहीं, जंह मैं गाहक नाय ।**

**बिको न यक भरमत फिरे, पकड़ी शब्द की छाँय ।।**

कबीरदास जी कहते हैं कि जिस स्थान पर ग्राहक है वहाँ मैं नहीं हूँ और जहाँ मैं हूँ वहाँ ग्राहक नहीं यानी मेरी बात को मानने वाले नहीं हैं लोग बिना ज्ञान के भरमते फिरते हैं ।

**219.जाके जिभ्या बन्धन नहीं हृदय में नाहिं साँच ।**
**वाके संग न लागिये, खाले वटिया काँच ।।**

जिसको अपनी जीभ पर अधिकार नहीं और मन में सच्चाई नहीं तो ऐसे मनुष्य के साथ रहकर तुझे कुछ प्राप्त नहीं हो सकता ।

**220.जग में बैरी कोई नहीं, जो मन शीतल होय ।**
**यह आपा तो डाल दे, दया करे सब कोय ।।**

यदि तुम्हारे मन में शांति है तो संसार में तुम्हारा कोई वैरी नहीं यदि तू घमंड करना छोड़ दे तो सब तेरे ऊपर दया करेंगे ।

**221.झूठे सुख को सुख कहै, मानता है मन मोद ।**
**जगत चबेना काल का, कुछ मुख में कुछ गोद ।।**

झूठे सुख को सुख माना करते हैं तथा अपने में बड़े प्रसन्न होते हैं, वह नहीं जानते कि मृत्यु के मुख में पड़ कर आधे तो नष्ट हो गए और आधे हैं वह भी और नष्ट हो जाएंगे । भाव यह है कि कबीरदास जी कहते हैं कि मोहादिक सुख को सुख मत मान और मोक्ष प्राप्त करने के लिए भगवान का स्मरण कर । भगवत भजन में ही वास्तविक सुख है ।

**222.जो तू चाहे मुक्ति को, छोड़ दे सबकी आस ।**
**मुक्त ही जैसा हो रहे, सब कुछ तेरे पास ।।**

परमात्मा का कहना है अगर तू मुक्ति चाहता है तो मेरे सिवाय सब आस छोड़ दे और मुझ जैसा हो जा फिर तुझे कुछ परवाह नहीं रहेगी ।

**223.जो जाने जीव आपना, करहीं जीव का सार ।**
**जीवा ऐसा पाहौना, मिले न दूजी बार ।।**

यदि तुम समझते हो कि यह जीव हमारा है तो उसे राम-नाम से भी भर दो क्योंकि यह ऐसा मेहमान हो जो दुबारा मिलना मुश्किल है ।

**224.जो जन भीगे राम रस, विगत कबहूँ ना रुख ।**
**अनुभव भाव न दरसे, वे नर दुःख ना सुख ।।**

जिस तरह सूखा पेड़ नहीं फलता इसी तरह राम के बिना कोई नहीं फल-फूल सकता । जिसके मन में रामनाम के सिवा दूसरा भाव नहीं है उनको सुख-दुख का बन्धन नहीं है ।

**225.सतगुरु मिले अधिक फल, कहै कबीर बिचार ।।**
**तीरथ गए से एक फल, सन्त मिलै फल चार ।**

कबीरदास जी कहते हैं कि यदि जीव तीर्थ करता है तो उसको एक गुना फल प्राप्त होता है, यदि जीव के लिए एक सन्त मिल जावे तो चार गुना फल होता है और यदि उसको श्रेष्ठ गुरु मिल जाये तो उसके लिए अनेक फल प्राप्त होते हैं ।

**226.तिनका कबहुँ न निंदिये, जो पाँव तले भी होय ।**
**कबहुँ उड़ आँखों पड़े, पीर घनेरी होय ।।**

तिनके का भी अनादर नहीं करना चाहिए । चाहे वह हमारे व तुम्हारे पग के नीचे ही क्यों न हो यदि वह नेत्र में आकार गिर जाए तो बड़ा दुखदायी होता है । भाव इसका यह है कि तुच्छ वस्तुओं को निरादर की दृष्टि से मनुष्य को नहीं देखना चाहिए, क्योंकि कभी-कभी वही दुखदायी बन जाते हैं ।

**227.ते दिन गये अकारथी, संगत भई न संत ।**

**प्रेम बिना पशु जीवना, भक्ति बिना भगवंत ।।**

जितना जीवन का समय सत्संग के बिना किए व्यतीत ही गया उसको निष्फल समझना चाहिए । यदि प्रभु के प्रति प्रेम तथा भगवतभक्ति नहीं है तो इस जीवन को पशु जीवन समझना चाहिए । मनुष्य जीवन भगवत भक्ति से ही सफल हो सकता है । अर्थात बिना भक्ति के मनुष्य जीवन बेकार है ।

**228.तेरा साईं तुझ में, ज्यों पहुन में बास ।**
**कस्तूरी का हिरण ज्यों, फिर-फिर ढूँढ़त घास ।।**

कबीरदास जी कहते हैं कि मनुष्य तेरा स्वामी भगवान तेरे ही अंदर उसी प्रकार है जिस प्रकार पुष्पों में सुगंध व्याप्त रहती है फिर भी तू जिस प्रकार कस्तूरी वाला हिरण अपने अंदर छिपी हुई कस्तूरी को अज्ञान से घास में ढूँढ़ता है उसी प्रकार ईश्वर को अपने से बाहर खोज करती है ।

**229.तीर तुपक से जो लड़ै, सो तो शूर न होय ।**
**माया तजि भक्ति करे, सूर कहावै सोय ।।**

वह मानव वीर नहीं कहलाता जो केवल धनुष और तलवार से लड़ाई लड़ते हैं । सच्चा वीर तो वह है जो माया को त्याग कर भक्ति करता है ।

**230.तन को जोगी सब करे, मन को बिरला कोय ।**
**सहजै सब बिधिपाइये, जो मन जोगी होय ।।**

कबीरदास जी कहते हैं कि शरीर से तो सभी योगी हो जाते हैं, परंतु मन से बिरला ही योगी होता है, जो आदमी मन से योगी हो जाता है वह सहज ही में सब कुछ पा लेता है ।

**231.दिल का मरहम कोई न मिला, जो मिला सो गर्जी ।**
**कहे कबीर बादल फटा, क्यों कर सीवे दर्जी ।।**

इस संसार में ऐसा कोई नहीं मिला, जो कि हृदय को शांति प्रदान करे । यदि कोई मिला तो वह अपने मतलब को सिद्ध करने वाला ही मिला संसार में स्वार्थियों को देखकर मन रूपी आकाश फट गया तो उसको दर्जी क्यों सीवे ।

**232.तब लग तारा जगमगे, जब लग उगे नसूर ।**
**तब लग जीव कर्मवश, जब लग ज्ञान ना पूर ।।**

जब तक सूर्य उदय नहीं होता तब तक तारा चमकता रहता है इसी प्रकार जब तक जीव को पूरा ज्ञान प्राप्त नहीं हो जाता तब तक वह जीव कर्मवश में रहता है ।

**233.तन बोहत मन काग है, लक्ष योजन उड़ जाय ।**
**कबहुँ के धर्म अगमदयी, कबहुँ गगन समाय ।।**

मनुष्य का शरीर विमान के समान है और मन काग के समान है कि कभी तो नदी में गोते मारता है और कभी आकाश में जाकर उड़ता है ।

**234.दुर्लभ मानुष जनम है, देह न बारम्बार ।**
**तरुवर ज्यों पत्ती झड़े, बहुरि न लागे दार ।।**

यह मनुष्य जन्म बड़ी मुश्किल से मिलता है । और यह देह बार-बार नहीं मिलता जिस तरह पेड़ से पत्ता झड़ जाने के बाद फिर डाल में नहीं लग सकता है ।

**235.दस द्वारे का पिंजरा, तामें पंछी मौन ।**
**रहे को अचरज भयौ, गये अचम्भा कौन ।**

यह जो शरीर है इसमें जो प्राण वायु है वह इस शरीर में होने वाले दस द्वारों से निकल सकता है । इसमें कोई अचरज की बात नहीं है । अर्थात प्रत्येक इन्द्रिय मृत्यु का कारण बन सकती है ।

**236.दया आप हृदय नहीं, ज्ञान कथे वे हद ।**
**ते नर नरक ही जायंगे, सुन-सुन साखी शब्द ।।**

जिनके हृदय में दया नहीं है और ज्ञान की कथायें कहते हैं वह चाहे सौ शब्द क्यों न सुन लें परंतु उनको नर्क ही मिलेगा ।

**237.दया कौन पर कीजिये, कापर निर्दय होय ।**
**साईं के सब जीव है, कीरी कुंजर दोय ।।**

किस पर दया करनी चाहिए या किस पर नहीं करनी चाहिए हाथी और कीड़ा अर्थात छोटे-से-छोटे और बड़े-से-बड़े सब भगवान के बनाए हुए जीव हैं । उनको समदृष्टि से देखना चाहिए ।

**238.नहिं शीतल है, चंद्रमा, हिम नहिं शीतल होय ।**
**कबिरा शीतल संतजन, नाम स्नेही होय ।।**

चंद्रमा शीतल नहीं है और हिम भी शीतल नहीं, क्योंकि उनकी शीतलता वास्तविक नहीं है । कबीरदास जी कहते हैं कि भगवान के प्रेमी साधु-सन्तों में ही वास्तविक शीतलता का आभास होता है अन्य कहीं नहीं ।

**239.धीरे-धीरे रे मना, धीरे सब कुछ होय ।**
**माली सींचे सौ घड़ा, ऋतु आए फल होय ।।**

हे मन धीरे-धीरे सब कुछ हो जाएगी माली सैकड़ों घड़े पानी पेड़ में देता है पर फल ऋतु आने पर ही लगता है ।

**240.प्रेम पियाला जो पिये, सीस दक्षिणा देय ।**
**लोभी शीश न दे सके, नाम प्रेम का लेय ।।**

व्यक्ति प्रेमामृत से परिपूर्ण प्याले का पान करते हैं वह उस प्याले के मूल्य को चुकाने के लिए अपने मस्तक को दक्षिणा के रूप में अर्पित करते हैं अर्थात वह प्रेम के महत्व को भलीभाँति समझते हैं और उसकी रक्षा के हेतु अपना सब कुछ देने के लिए प्रस्तुत रहते हैं तथा जो व्यक्ति लोभी होता है (जिनके हृदय में प्रेम दर्शन करते हैं) ऐसे व्यक्ति

प्रेम पुकारते रहते हैं । परंतु समय आने पर प्रेम के रक्षार्थ अपना मस्तक (सर्वस्व) अर्पण करने में असमर्थ होते हैं ।

**241.न्हाये धोये क्या हुआ, जो मन मैल न जाय ।**
**मीन सदा जल में रहै, धोये बास न जाय ।।**

नहाने और धोने से क्या लाभ । जब कि मन का मैल (पाप) दूर न होवे । जिस प्रकार मछ्ली सदैव पानी में जिंदा रहती है और उसको धोने पर भी उसकी दुर्गन्ध दूर नहीं होती है ।

**242.पाँच पहर धन्धे गया, तीन पहर गया सोय ।**
**एक पहर भी नाम बिन, मुक्ति कैसे होय ।।**

दिन में आठ पहर होते हैं, उन आठ पहरों में से पाँच पहर सांसारिक धन्धों में व्यतीत हो गए और तीन पहर सोने में । यदि एक पहर भी भगवान का स्मरण न किया जाये तो किस प्रकार से मुक्ति की प्राप्ति हो सकती है । अर्थात संसार में रहते हुए प्रभु का ध्यान अवश्य करना चाहिए ।

**243.प्रेम न बारी ऊपजै, प्रेम न हाट बिकाय ।**
**राजा परजार जोहि रुचे, सीस देइ ले जाए ।।**

प्रेम न जो बाड़ी (बगीचा) में उपजता है और न बाजार में बिकता है । अर्थात प्रेम साधारण वस्तु नहीं है । राजा प्रजा जिस किसी को अपने शीश (मस्तक) को रुचिपूर्वक बलिदान करना स्वीकार हो उसे ही प्रेम के सार रूप भगवान की प्राप्ति हो सकती है ।

**244.पोथी पढ़-पढ़ जग मुआ, पंडित हुआ न कोय ।**
**एकै आखर प्रेम का, पढ़े सो पंडित होय ।।**

पुस्तकों को अध्ययन करते-करते जाने कितने व्यक्ति मर गए परंतु कोई पंडित न हुआ । प्रेम शब्द मोक्ष के पढ़ने से व्यक्ति पंडित हो जाता है क्योंकि सारे विश्व की सत्ता

एवं महत्ता प्रेम पर ही अवलम्बित है । जो व्यक्ति प्रेम के महत्व को समुचित रूप से समझने में सफलीभूत होगा उसे सारे संसार के प्राणी एक अपूर्व बन्धुत्व के सूत्र में आबद्ध दिखाई पड़ेंगे और उसके हृदय में हिंसक भावनायें नष्ट हो जाएँगी तथा वसुधैव कुटुम्बकम का भाव जागृत होगा ।

**245.पानी केरा बुदबुदा, अस मानस की जात ।**
**देखत ही छिप जाएगा, ज्यों सारा परभात ।।**

कबीरदास जी कहते हैं कि मनुष्य जीवन पानी के बुलबुले के समान है जो थोड़ी-सी देर में नष्ट हो जाता है, जिस प्रकार प्रातःकाल होने पर तारागण प्रकाश के कारण छिप जाते हैं ।

**246.पाहन पूजे हरि मिलें, तो मैं पूजौं पहार ।**
**याते ये चक्की भली, पीस खाय संसार ।।**

कबीरदास जी कहते हैं कि यदि पत्थरों (मूर्तियों) के पूजन मात्र से भगवान की प्राप्ति होती हो तो मैं पहाड़ों का पूजन करूँगा इससे तो घर की चक्की का पूजन अच्छा है जिसका पीसा हुआ आटा सारा संसार खाता है ।

**247.पत्ता बोला वृक्ष से, सुनो वृक्ष वनराय ।**
**अब के बिछुड़े ना मिले, दूर पड़ेंगे जाय ।।**

पत्ता वृक्ष को सम्बोधन करता हुआ कहता है कि हे वनराय अब के वियोग होने पर न जाने कहाँ पर हम पहुँचें तुमको छोड़कर । फिर जाने मिलना हो या नहीं । भाव यह है कि हे जीव, इस संसार में मनुष्य योनि को छोड़ कर कर्मों के अनुसार न जाने कौन-सी योनि प्राप्त होगी । इसलिए मनुष्य योनि में ही भगवान का स्मरण प्रत्येक समय कर ले ।

**248.फल कारण सेवा करे, करे न मन से काम ।**

**कहें कबीर सेवक नहीं, चहै चौगुना दाम ।।**

जो मनुष्य अपने मन में इच्छा को रखकर निज स्वार्थ से सेवा करता है वह सेवक नहीं वह तो सेवा के बदले कीमत चाहता है, सेवा बेलाग होनी चाहिए ।

**249.फुटो आँख विवेक की, लखें न संत असंत ।**
**जिसके संग दस बीच है, ताको नाम महन्त ।।**

जिसके ज्ञान रूपी नैन नष्ट हो गए हैं वह सज्जन और दुर्जन का अंतर नहीं बता सकता है और सांसारिक मनुष्य जिसके साथ दस-बीस चेले देख लेता है वह उसको ही महन्त समझा करता है ।

**250.प्रेमभाव एक चाहिए, भेष अनेक बजाय ।**
**चाहे घर में बास कर, चाहे बन को जाय ।।**

चाहे लाख तरह के भेष बदले घर रहे चाहे वन में जाए परंतु सिर्फ प्रेम-भाव होना चाहिए ।

**251.बन्धे को बाँधना मिले, छूटे कौन उपाय ।**
**कर संगति निरबंध की, पल में लेय छुड़ाय ।।**

जिस प्रकार बन्धे हुए व्यक्ति को बंधा हुआ व्यक्ति मिल जाने पर उसे मुक्ति पाने का कोई उपाय दृष्टिगोचर नहीं होता है, ठीक उसी प्रकार सांसारिक बंधनों में बंधा हुआ मानव जब माया के जाल में फँसता है उस समय उसके विस्तार का कोई मार्ग नहीं रहता । अतएव ऐसे व्यक्ति की संगति करनी चाहिए जो निर्बन्ध एवं धन-माया से छुटकारा करा सके । (निर्बन्ध और निर्लेप प्रभु के अतिरिक्त कोई नहीं है) अतः भगवान की आराधना करनी चाहिए ।

**252.बूँद पड़ी जो समुद्र में, ताहि जाने सब कोय ।**
**समुद्र समाना बूँद में, बूझै बिरला कोय ।।**

यह तो सम्पूर्ण जीव जानते हैं कि समुद्र में पड़ी बूंदे उसमें समा जाती हैं, किन्तु यह विवेकी ही जानता है कि किस प्रकार मन रूपी समुद्र में बिंदुरूपी जीवात्मा परमात्मा में लीन हो जाते है ।

**256.बाहर क्या दिखराइये, अन्तर जपिए राम ।**
**कहा काज संसार से, तुझे धनी से काम ।।**

बाहर के दिखावटी भगवान के स्मरण से क्या लाभ है, राम का स्मरण हृदय से करो । इस संसार से तेरा क्या तात्पर्य है तुझे तो भगवान से काम है । भाव यह है कि इस संसार को बनाने वाला ईश इसी में व्याप्त है इसका स्मरण वास्तविक रूप से करने से वह अपना दर्शन देगा ।

**257.बानी से पहचानिए, साम चोर की घात ।**
**अंदर की करनी से सब, निकले मुँह की बात ।।**

सज्जन और दुष्ट उसकी बातों से पहचाना जाता है क्योंकि उसके अंदर का सारा वर्णन उसके मुँह द्‌वारा पता चल जाता है ।

**258.बलिहारी गुरु आपने, घड़ी-घड़ी सौ बार ।**
**मानुष से देवत किया, करत न लागी बार ।।**

मैं तो बार-बार अपने गुरु की बलिहारी हूँ कि जिन्होंने मनुष्य से देवता करने में जरा भी देरी नहीं किया ।

**259.बड़ा हुआ तो क्या हुआ, जैसे पेड़ खजूर ।**
**पंछी को छाया नहीं, फल लागे अति दूर ।।**

बड़े होने से क्या लाभ, जैसे खजूर का पेड़ इतना बड़ा होता है कि जिससे पंछी को न तो छाया ही मिलती है और न फल ही मिलता है अर्थात बड़े आदमी जो अपनी महानता का उपयोग नहीं करते हैं, व्यर्थ है ।

**260.माला फेरत जुग भया, फिरा न मन का फेर ।**

**कर का मनका डार दे, मनका मनका फेर ।।**

माला फेरते-फेरते युग व्यतीत हो गया, परंतु जीव के हृदय में कोई नवीन परिवर्तन नहीं हुआ । कबीरदास जी कहते हैं कि हे जीव, मैंने माला के रूप में ईश की बहुत दिनों तक आराधना कर ली और अब इस आराधना को छोड़कर हृदय से भगवान की थोड़े समय तक आराधना कर ।

**261.भक्ति गेंद चौगान की, भावे कोई ले जाय ।**
**कह कबीर कछु भेद नहिं, काह रंक कहराय ।।**

कबीरदास जी कहते हैं कि भक्ति तो पोलो की गेंद के समान है चाहे जिसकी इच्छा हो वह ले जाए इसमें क्या राजा क्या कंगाल किसी में भी कुछ भेद नहीं समझा जाता चाहे कोई ले जाए ।

**262.भूखा भूखा क्या करे, क्या सुनावे लोग ।**
**भांडा घड़ निज मुख दिया, सोई पूरण जोग ।।**

तू अपने आपको भूखा-भूखा कह कर क्या सुनाता है, लोग क्या तेरा पेट भर देंगे ?याद रख, जिस परमात्मा ने तुझे शरीर और मुँह दिया है वही तेरे काम पूर्ण करेगा ।

**263.माया मरी न मन मरा, मर मर गए शरीर ।**
**आशा तृष्णा ना मरी, कह गए दास कबीर ।।**

कबीर जी कहते हैं कि शरीर, मन, माया सब नष्ट हो जाता है, परंतु मन में उठाने वाली आशा और तृष्णा नष्ट नहीं होती हैं । इस लिए संसार की मोह, तृष्णा आदि में नहीं फंसना चाहिए ।

**264.मार्ग चलत में जो गिरे, ताको नाहीं दोष ।**
**कह कबीर बैठा रहे, ता सिर करड़े कोस ।।**

मार्ग में चलते-चलते जो गिर पड़े उसका कोई अपराध नहीं माना जाता है । कबीरजी कहते हैं कि जो आदमी बैठा रहता

है उसके सिर पर कठिन कोस बने ही रहते हैं, अर्थात न करने से कुछ करना ही अच्छा है ।

**265.मैं अपराधी जन्म का, नख-सिख भरा विकार ।**
**तुम दाता दुख भंजना, मेरा करो सम्हार ।।**

कबीर जी कहते हैं कि हे ईश! मैं जन्म का अपराधी हूँ । मेरे शरीर में और इंद्रियों में मैल भरा हुआ है और तुम दानी हो, दुःख का हरण करने वाले हो; इसलिए मेरी खबर लो ।

**266.मूँड़ मुड़ाये हरि मिले, सब कोई लेय मुड़ाय ।**
**बार-बार के मूड़ते, भेड़ न बैकुण्ठ जाय ।।**

कबीरदास जी कहते हैं कि सिर के बाल कटवाने से यदि भगवान प्राप्त हो जाए तो सब कोई सिर के बाल कटवा कर भगवान को प्राप्त कर ले । जिस प्रकार भेड़ का तमाम शरीर कई बार मूड़ा जाता है तब भी वह बैकुण्ठ को नहीं प्राप्त कर सकता है ।

**267.माया तो ठगनी बनी, ठगत फिरे सब देश ।**
**जा ठग ने ठगनी ठगो, ता ठग को आदेश ।।**

काम, क्रोध, लोभ, मोह आदि माया के रूप हैं । यह माया प्रत्येक व्यक्ति को इस संसार में ठगती है तथा जिसने माया रूपी ठगनी को ठग लिया है वही आदेश रूप में आत्मा है ।

**268.भज दीना कहूँ और ही, तन साधुन के संग ।**
**कहैं कबीर कारी गजी, कैसे लागे रंग ।।**

कबीरदास जी कहते हैं कि मन तो सांसारिक मोह, वासना में लगा हुआ है और शरीर ऊपर रंगे हुए वस्त्रों से ढँका हुआ है । इस प्रकार की वेशभूषा से साधुओं का सारा शरीर धारण तो कर लिया है यह व्यर्थ है इससे भगवान की भक्ति नहीं हो सकती है । कारी गंजी पर रग्ड़ नहीं चढ़ता भगवान से रहित मन बिना रंगा कोरा ही रह जाता है ।

**269.माया छाया एक सी, बिरला जानै कोय ।**
**भागत के पीछे लगे, सन्मुख भागे सोय ।।**

माया और छाया एक समान है इसको कोई बिरला ही जानता है ये अज्ञानियों के पीछे लग जाती है तथा ज्ञानियों से दूर भाग जाती है ।

**270.मथुरा भावै द्वारिका, भावै जो जगन्नाथ ।**
**साधु संग हरि भजन बिनु, कछू न आवे हाथ ।।**

चाहे मथुरा, द्वारिका या जगन्नाथ कोई भी नीकौ (अच्छा) लगे, परंतु साधु की संगति तथा हरिभजन के बिना कुछ हाथ नहीं आता है ।

**271.मेरा मुझमें कुछ नहीं, जो कुछ है सब तोर ।**
**तेरा तुझको सौंपते, क्या लागेगा मोर ।।**

मेरा मुझमें कुछ नहीं है । जो कुछ है सब तुम्हारा है । तुम्हारा तुमको सौंपने में मेरा क्या लगेगा । अर्थात, कुछ नहीं ।

**272.माली आवत देख के, कलियन करी पुकार ।**
**फूले-फूले चुन लिए, काल हमारी बार ।।**

कबीरदास जी कहते हैं कि माली (काल) को आते देख कर कलियाँ (जीवात्मा) कहती हैं कि आज वाटिका के रक्षक ने खिले-खिले पुष्पों को चुन लिया है कल हमारा भी नम्बर आने वाला है ।

**273.मूर्ख मूढ़ कुकर्मियों, नख-सिख पाखर आहि ।**
**बन्धन कारा का करे, जब बाँधन लागे ताहि ।।**

जिस मनुष्य को समझाने तथा पढ़ाने से भी कुछ ज्ञान न हो उस मनुष्य को समझाना भी अच्छा नहीं क्योंकि उस पर आपकी बातों का कुछ भी प्रभात नहीं होगा ।

**274.मैं रोऊँ सब जगत को, मोको रोवे न कोय ।**

**मोको रोवे सोचना, जो शब्द बोय की होय ।।**

कबीर जी कहते हैं कि मैं तो सबको रोता हूँ, परंतु मेरा दर्द किसी को नहीं, मेरा दर्द वही देख सकता है जो मेरे शब्द को समझता है ।

**275.माँगन-मरण समान है, मति माँगो कोई भीख ।**
**माँगन ते मरना भला, यह सतगुरु की सीख ।।**

माँगना मरने के बराबर है इसलिए किसी से भीख मत माँगो । सतगुरु कहते हैं (शिक्षा है) कि माँगने से मर जाना बेहतर है ।

**276.यह तो घर है प्रेम का, खाला का घर नाहिं ।**
**सीस उतारे भूँई धरे, तब पैठे घर मांहि ।।**

यह घर प्रेम का है, भगवान की प्राप्ति के लिए उसके प्रति प्रेम का होना अनिवार्य है तभी उसकी प्राप्ति में सफलता प्राप्ति हो सकती है । यह मौसी का घर नहीं है जिसमें प्रवेश करने पर आदर एवं सुख की सामग्री पूर्ण रूप से प्राप्त होती है । इस प्रेम के घर में घुसने में (भगवान की साधना में) सफलता उन्हीं व्यक्तियों को प्राप्त होती है जो अपने मस्तक उतार कर (काट कर) भूमि पर चढ़ा देते हैं (अर्थात सांसारिक बन्धनों से मुक्त होने पर ही) भगवान की प्राप्ति होती है ।

**278.या दुनियाँ में आ कर, छाँड़ि देय तू ऐंठ ।**
**लेना हो सो लेइले, उठी जात है पैंठ ।।**

इस संसार में आकर हे प्राणी तू अभिमान को छोड़ दे और जो कुछ लेना हो उसे ले ले नहीं तो पैंठ उठी जाती है अर्थात बीता हुआ समय फिर नहीं हाथ आता है ।

**279.राम नाम चीन्हा नहीं, कीना पिंजर बास ।**
**नैन न आवे नीदरौं, अलग न आवे भास ।।**

जिनको ब्रह्मज्ञान हो गया उनको अज्ञान रूपी निद्रा कभी नहीं आती है और बुढ़ापे में भी उनका शरीर उनको दुखदाई नहीं होता है । अर्थात उनको भगवान का आनंद प्राप्त होने पर सब दुखों की निवृत्ति हो जाती है ।

**280.राम रहे बन भीतरे, गुरु कीना पूरी आस ।**
**कहे कबिरा पाखण्ड सब, झूठा सदा निरास ।।**

बिना गुरु के पूछे जो प्राणी यह समझते हैं कि राम वन में रहते हैं, कबीरदासजी कहते हैं कि यह सब प्रपंच है । ऐसे जीव को ईश अपने दर्शन नहीं देते हैं तथा वह निराश रहता है ।

**281.राम बुलावा भेजिया, दिया कबीरा रोय ।**
**जो सुख साधु संग में, सो बैकुंठ न होय ।।**

कबीरदास जी कहते हैं कि जब मेरे को लाने हेतु राम (भगवान) ने बुलावा भेजा उस समय मुझसे रोना ही बना क्योंकि जिस सुख की अनुभूति साधुओं के सतसंग से प्राप्त होती है वह बैकुंठ में नहीं है । अर्थात सतसंग से बड़ा सुख कुछ नहीं है ।

**282.लूट सके तो लूट ले, सन्त नाम की लूट ।**
**पीछे फिर पछताओगे, प्रान जाहिं जब छूट ।।**

भगवान के नाम का स्मरण कर ले नहीं तो समय व्यतीत हो जाने पर पश्चात्ताप करने से कुछ लाभ नहीं है । कबीर जी कहते हैं कि हे जीव, तू भगवान का स्मरण कर ले नहीं तो मृत्यु के समय तथा उपरांत पश्चात्ताप करना पड़ेगा अर्थात नरक के दुसह दुखों को भोगना पड़ेगा ।

**283.लाग लगन छूटे नहीं, जीभ चोंच जरि जाय ।**
**मीठा कहाँ अंगार में, जाहिर चकोर चबाय ।।**

जिस जीव को किसी वस्तु की लगन लग जाती है तो वह किसी प्रकार की लाभ-हानि को नहीं देखता और अपने कर्तव्य को पूरा करता है उसको छोड़ता नहीं । जिस प्रकार कि चकोर अङ्गार को खाता है । यद्द्प अङ्गार कोई मीठी वस्तु नहीं है तो भी चकोर उसका सेवन करता है । इसका अर्थ यह है कि जिसका हृदय भगवत भक्ति में विलीन हो जाता है तब वह सांसारिक किसी वस्तु की हानि की कुछ चिंता नहीं करता है और ईश्वर के प्रेम में मगन रहता है ।

**284.लघुता से प्रभुता मिले, प्रभुता से प्रभू दूरि ।**
**चींटी ले शक्कर चली, हाथी के सिर धूरि ।।**

कबीरदास जी कहते हैं कि लघुता से प्रभुता मिलती है । और प्रभुता से प्रभु दूर रहते हैं, जिस प्रकार छोटी-सी चींटी लघुता के कारण शक्कर पाती है और हाथी के सिर पर धूल पड़ती है ।

**285.शीलवन्त सबसे बड़ा, सब रतनन की खान ।**
**तीन लोक की सम्पदा, रही शील में आन ।।**

शील स्वभाव का मनुष्य सबसे बड़ा है और शीलता सम्पूर्ण रत्नों (की खान) में उत्तम है । शीलता तीनों लोगों का धन है और शीलता से सम्पूर्ण कार्य सिद्ध होते हैं ।

**286.वस्तु है ग्राहक नहीं, वस्तु सो गर अनमोल ।**
**बिना करम का मानवा, फिरता डांवाडोल ।।**

ज्ञान जैसी अमूल्य वस्तु तो उपस्थित है, परंतु उसको कोई लेने वाला नहीं है क्योंकि ज्ञान, बिना सेवा के नहीं मिलता और सेवा करने वाला कोई नहीं है इसलिए कोई भक्ति और सेवा कर सकता है तो ले सकता है ।

**287.वृक्ष बोला पात से, सुन पत्ते मेरी बात ।**
**इस घर की यह रीति है, एक आवत एक जात ।।**

वृक्ष पत्ते को उत्तर देता हुआ कहता है कि हे पत्ते, इस संसार में यही प्रथा प्रचलित है कि जिसने जन्म लिया है वह अवश्य मृत्यु को प्राप्त होता है ।

**288.वैध मुआ रोगी मुआ, मुआ सकल संसार ।**
**एक कबीरा ना मुआ, जेहि के राम अधार ।।**

वैध्य, रोगी तथा संसार नाशवान होने के कारण उनका रूप रूपांतर हो जाता है, परंतु जो प्राणी, अविनाशी ब्रह्म जो अमर है तथा अनित्य है उसके आसक्त है वे सदा अमर रहते हैं ।

**289.साधुन के सत संग से, थर-थर काँपे देह ।**
**कबहूँ भाव-कुभाव लें, मन मिट जाय स्नेह ।।**

मन के भावों और कुभावों से उसका प्रेम नष्ट हो जाता है तथा साधुओं के संग से शरीर थर-थर काँपता है, ये कम्पन पाप प्रवृत्तियों के कारण होती है । अर्थात सात्विक भावों के मन में उत्पन्न होने पर बुरे भावों की शनैःशनैः कमी हो जाती है और अंत में उनके लिए हृदय में स्थान शेष नहीं रहता ।

**290.साधू ऐसा चाहिए, जैसा सूप सुभाय ।**
**सार-सार को गहि रहे, थोथा देय उड़ाय ।।**

साधु का स्वभाव सूप के समान होना चाहिए जिसके कारण वह सार वस्तु ग्रहण कर ले एवं व्यर्थ की वस्तुओं को त्याग दे ।

**291.संगति सों सुख्या ऊपजे, कुसंगति सो दुख होय ।**
**कह कबीर तहँ जाइए, साधु संग जहां होय ।।**

अच्छी संगति से सुख प्राप्त होता है एवं कुसंगति से दुःख अतः कबीरदास जी कहते हैं कि उस स्थान पर जाना चाहिए कि जहाँ साधु (अच्छी) संगति की प्राप्ति हो ।

**292.साधु गाँठि न बाँधई, उदर समाता लेय ।**
**आगे-पीछे हरि खड़े, जब माँगे तब देय ।।**

सज्जन अपनी आवश्यकतानुसार वस्तु का उपयोग करते हैं वह गठबंधन (संग्रह) नहीं करते । उन्हें सर्वव्यापी भगवान पर विश्वास होता है, क्योंकि वह मांगने पर प्रत्येक वस्तु को देता है ।

**293.सुमिरन से मन लाइये, जैसे कामी काम ।**
**एक पलक बिसरे नहीं, निश दिन आठौ याम ।।**

कबीरदास जी कहते हैं कि जिस प्रकार कामी मनुष्य अपने काम में प्रवृत रहता है । अपनी प्रेमिका का ध्यान आठों पहर करता है उसी प्रकार हे प्राणी! तू अपने मन को भगवत स्मरण में लगा दे ।

**294.पोथी पढ़ि पढ़ि जग मुआ, पंडित भया न कोय,**
**ढाई आखर प्रेम का, पढ़े सो पंडित होय।**

अर्थ: बड़ी बड़ी पुस्तकें पढ़ कर संसार में कितने ही लोग मृत्यु के द्वार पहुँच गए, पर सभी विद्वान न हो सके। कबीर मानते हैं कि यदि कोई प्रेम या प्यार के केवल ढाई अक्षर ही अच्छी तरह पढ़ ले, अर्थात प्यार का वास्तविक रूप पहचान ले तो वही सच्चा ज्ञानी होगा।

**295.साधु ऐसा चाहिए, जैसा सूप सुभाय,**
**सार-सार को गहि रहै, थोथा देई उड़ाय।**

अर्थ: इस संसार में ऐसे सज्जनों की जरूरत है जैसे अनाज साफ़ करने वाला सूप होता है। जो सार्थक को बचा लेंगे और निरर्थक को उड़ा देंगे।

**296.तिनका कबहुँ ना निन्दिये, जो पाँवन तर होय,**
**कबहुँ उड़ी आँखिन पड़े, तो पीर घनेरी होय।**

अर्थ: कबीर कहते हैं कि एक छोटे से तिनके की भी कभी निंदा न करो जो तुम्हारे पांवों के नीचे दब जाता है। यदि कभी वह तिनका उड़कर आँख में आ गिरे तो कितनी गहरी पीड़ा होती है !

**297.जाति न पूछो साधु की, पूछ लीजिये ज्ञान,**
**मोल करो तरवार का, पड़ा रहन दो म्यान।**

अर्थ: सज्जन की जाति न पूछ कर उसके ज्ञान को समझना चाहिए। तलवार का मूल्य होता है न कि उसकी मयान का - उसे ढकने वाले खोल का।

**298.बोली एक अनमोल है, जो कोई बोलै जानि,**
**हिये तराजू तौलि के, तब मुख बाहर आनि।**

अर्थ: यदि कोई सही तरीके से बोलना जानता है तो उसे पता है कि वाणी एक अमूल्य रत्न है। इसलिए वह ह्रदय के तराजू में तोलकर ही उसे मुंह से बाहर आने देता है।

**299.अति का भला न बोलना, अति की भली न चूप,**
**अति का भला न बरसना, अति की भली न धूप।**

अर्थ: न तो अधिक बोलना अच्छा है, न ही जरूरत से ज्यादा चुप रहना ही ठीक है। जैसे बहुत अधिक वर्षा भी अच्छी नहीं और बहुत अधिक धूप भी अच्छी नहीं है।

**300.दोस पराए देखि करि, चला हसन्त हसन्त,**
**अपने याद न आवई, जिनका आदि न अंत।**

अर्थ: यह मनुष्य का स्वभाव है कि जब वह दूसरों के दोष देख कर हंसता है, तब उसे अपने दोष याद नहीं आते जिनका न आदि है न अंत।

**301.हिन्दू कहें मोहि राम पियारा, तुर्क कहें रहमाना,**
**आपस में दोउ लड़ी-लड़ी मुए, मरम न कोउ जाना।**

अर्थ: कबीर कहते हैं कि हिन्दू राम के भक्त हैं और तुर्क (मुस्लिम) को रहमान प्यारा है। इसी बात पर दोनों लड़-लड़ कर मौत के मुंह में जा पहुंचे, तब भी दोनों में से कोई सच को न जान पाया।

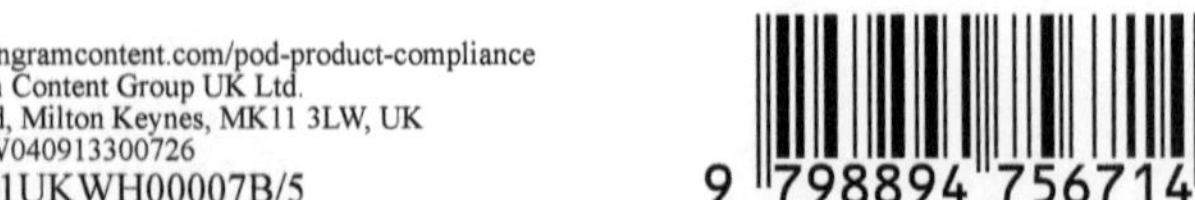
www.ingramcontent.com/pod-product-compliance
Ingram Content Group UK Ltd.
Pitfield, Milton Keynes, MK11 3LW, UK
UKHW040913300726
14061UKWH00007B/5
9 798894 756714